Nueve Estaciones:

Un Manual de Sabiduría Antigua e Indígena

Por Carlos Aceves (Yolohuitzcalotl)

Este libro es publicado, terminado, y distribuido por:
El Instituto de Culturas Indígenas
P.O. Box 1414, San Marcos, Texas 78667
www.IndigenousCulture.org

Escrito por **Carlos Aceves, M.Ed.**
© 2016 por **Carlos Aceves, M.Ed.**

Ilustraciones y Portada por **Gabriel S. Gaytán**, Gaytán Artworks
El Paso, Texas, www.gaytanartworks.com

Traducido por **Lucía V. Carmona**

Editado por **Brisa Juárez**

ISBN-13:978 1532927942
ISBN-10: 1532927940

El Instituto de Culturas Indígenas es una organización sin fines de lucro que promueve y preserva las culturas de los Indígenas Nativos Americanos de Texas y el norte de México, y mantiene nuestro pacto con los sitios sagrados. Este Instituto se enfoca en la herencia indígena de los Hispanos quienes ancestros son preliminarmente gente Coahuilteca proveniente del Delta del Rio Grande.

Índice

Un sistema de conteo metafórico Mesoamericano que mezcla números con fenómenos naturales para expresar el conocimiento antiguo.

El número trece provee un patrón numérico utilizado para sincronizar ciclos humanos con los de la Madre Naturaleza.

Ciclos celestiales pueden ser utilizados para meditar y ayudarnos a estar en harmonía con la Creación.

Existen siete habilidades que el ser humano necesita aprender y practicar para estar en condiciones de vivir 104 años.

La dieta Mesoamericana está organizada alrededor de siete alimentos básicos que proveen una nutrición mejorada.

La gestación humana está marcada por cinco eventos cruciales que pueden ser enriquecidos por los padres y la participación comunitaria.

Los humanos están destinados a tener una duración de vida de 104 años los cuales pueden ser divididos en nueve etapas.

Visualizar la muerte como una jornada que tiene nueve retos nos enseña a tener una buena muerte, por lo cual es importante vivir una buena vida.

Una explicación de nuestras responsabilidades como parte de las siete generaciones de vida.

Términos en Náhuatl y Español usados en este texto.

Comentarios del Autor

Al leer este manual, usted se preguntará ¿de dónde vendrá esta información? ¿Quiénes fueron los antiguos? La respuesta es sencilla. Hace mucho tiempo hubo gente que decidió hacer la misión de su vida aprender y enseñar el modo natural de la vida. Este trabajo utiliza conocimiento de los Aztecas y los Mayas.

Antiguos como estos existieron alrededor de todo el mundo y por muchos siglos. Todas las culturas hoy en día se pueden encontrar en los árboles genealógicos de sus propias historias. Sin embargo, no necesitamos ir tan atrás para encontrar a nuestros ancestros. Solo hay que mirarse en el espejo y luego ver dentro de su corazón. Si puede visualizar al niño de su nieto(a) y encontrar el deseo de ofrecerle una Tierra que proveerá para ellos de la misma manera como todas las madres proveen para sus hijos, entonces usted puede ser uno de los Antiguos.

Usted notará que este libro está escrito como un "nosotros" en vez de un "yo". El manual es un trabajo que tiene muchos autores. La vida me ha bendecido con buenos y amorosos maestros a los que también los puedo llamar Antiguos. El trabajo atrás de este manual es también un esfuerzo colaborativo. Por lo tanto, la narrativa habla en el "nosotros".

También hemos escrito muchas palabras en mayúscula que de otra manera no necesitaría escribirse así. Esto es para honrar todas las fuerzas en la naturaleza como El Sol, La Luna, La Tierra y Las Estaciones. Ellas están vivas también. Ellas influyen y nos dan Vida. Por ejemplo, ahora podemos entender por qué padres y madres siempre se cortaban su cabello en Luna Llena. Siendo menos susceptibles a la fertilidad por una Luna creciente, el cabello crecerá despacio, así extendiendo el tiempo entre cortes de pelo.

Finalmente, este trabajo está dedicado a tres héroes personales: Elpidia Vargas López, mi mamá quien sufrió bastante dando a luz cuando nací y después largos años de dolor físico hasta su muerte pero que creó en mí una fe profunda en el camino de la naturaleza; Paola López Juárez, quien me trató más como su propio hijo que un estudiante y, aunque ella podía curar con sus manos, aún conocía todas las hierbas medicinales y sus aplicaciones; e Isabel Quevedo Plascencia, quien llevó a cabo un enorme trabajo para revivir el arte antiguo de hacer y vender miel de la planta del maguey (agave), un producto que hoy es utilizado a nivel mundial. A través de estas tres mujeres, He tenido la experiencia y he aprendido sobre esa fuerza poderosa del Universo que hace posible todo: el Amor.

Introducción

Mi esposa y yo hemos conocido a Carlos por mucho tiempo. Incluso, lo adopté como mi hermano en una ceremonia de peyote hace ya casi 20 años. Siempre me ha impresionado su trabajo y entendimiento sobre las diferentes filosofías antiguas, especialmente la sabiduría Azteca y Maya. Siempre me gustan sus visitas porque nos quedamos hasta tarde hablando sobre las creencias antiguas. Nosotros, en el Instituto de Culturas Indígenas, continuamente lo invitamos a nuestra área para que nos comparta su conocimiento. Él ha conducido actividades para los niños, talleres para nuestras comunidades indígenas, y lecturas en nuestra comunidad de San Marcos y los alrededores de Austin, Texas.

Infaliblemente, siempre aprendo algo de las interacciones con Carlos. Algunas veces he estado inclinado a escribir sus enseñanzas, pero sobre todo quiero recordar todas las cosas que dice, por lo menos las más importantes. Por eso mismo estoy muy agradecido de recibir el borrador de su manuscrito de *Nueve Estaciones* porque contiene mucha de la información que nos ha brindado con anterioridad, y esta vez ha sido por escrito. Ahora tengo una referencia inmediata para cualquier detalle que se me haya olvidado.

Este manual está lleno de información y conocimiento presentado en una manera sencilla. Es verdaderamente un gran regalo que nos permite comprender algunos de los conocimientos que nuestros ancestros adquirieron mucho tiempo atrás. Comienza con una *cuenta* o conteo metafórico en cuyos números son asignados a fenómenos naturales como un simple medio de almacenamiento del conocimiento. Es un método indígena de combinar varias disciplinas en una actividad con el propósito de enseñar. He visto numerosas veces a los estudiantes de Carlos recitar esta *cuenta* y desearía que a mí me lo hubieran enseñado de niño.

Carlos examina el poder del número trece y de qué manera el número trece está relacionado al cosmos así como a nuestro cuerpo. En el tercer capítulo, analiza meditaciones del cielo y cómo podemos obtener bendiciones significativas solamente con observar el amanecer. El capítulo cuatro trata sobre siete actividades con las que nacemos pero que pronto las olvidamos. Necesitamos reaprenderlas y practicarlas para tener una buena salud.

El capítulo cinco es una descripción maravillosa sobre la importancia de la alimentación indígena a la que llamamos los siete alimentos del guerrero, los cuales los necesitamos para nuestra buena salud. El capítulo Seis es acerca de nuestra jornada dentro del vientre materno y de cómo consiste en cinco eventos especiales y los cuatro espacios de tiempo entre uno y otro. El Capítulo Siete es sobre nuestras nueve etapas desde el principio de la vida en el vientre materno hasta los últimos 91 a 104 años de vida. Este capítulo nos enseña cómo ser responsables por nosotros mismos mientras llevamos a cabo nuestra misión manteniendo nuestra autenticidad. El capítulo Ocho es sobre nuestra muerte. Describe los tres procesos de la muerte y los nueve retos para una buena muerte.

El último capítulo, Capítulo Nueve, ha sido cambiado completamente desde la primera edición. El Capítulo Nueve explica el concepto de la "Séptima Generación" y de cómo, si vamos a proteger y salvar a nuestra Madre Tierra, necesitamos estar conscientes de que toda acción que cambie a nuestra Tierra debe ser reconsiderado de cómo será afectada a nuestra séptima generación.

Me siento muy honrado de escribir esta introducción. Este manual provee de una manera muy simple y fácil de comprender y de incorporar algunos antiguos conocimientos Azteca y Maya en nuestras vidas diarias. Siguiendo estos conceptos, podemos aprender a cómo vivir felices 104 años de vida.

Feliz Lectura,
Mario Garza, Ph.D. (Tza Yan Tamōx)
Instituto de Culturas Indígenas

4

CAPITULO UNO: Cuentos y Cuentas

"Hace mucho tiempo la gente practicaba el Tao. Ellos mantenían balance del cuerpo y mente. No es de sorprender que ellos vivieran más de cien años."

El Neijin Suwen
Guía de Medicina Interna China, 2,500 A.C.

¡Este es un momento maravilloso de estar vivo y consciente! Nuestros ancestros hablaron a lo largo sobre esta era hace más de 5,000 años cuando los astros se iban a alinear de una manera nunca antes visto. Para otros es un cambio en las consciencias. Algunos podrán verlo como el fin de los tiempos, mientras que otros deciden interpretarlo como un nuevo comienzo. Este es primeramente un momento de celebración porque estamos conscientes de las infinitas posibilidades. Lo que sí es cierto es que las profecías de los ancestros apuntaron hacia estos tiempos.

Celebramos porque tenemos la oportunidad de cambiar la vibración de la existencia humana y redirigir nuestra conexión con la Madre Tierra, y Ver hacia adentro. Contempla tu relación con la comunidad, la naturaleza, y el Gran Espíritu. Estar agradecidos es el principio de la celebración. La consciencia de donde estamos nos trae hacia la ventana del tiempo más importante, la cual es Ahora.

Varias lecciones en este manual son de Mesoamérica. Sin embargo, son consideradas universales en su significado y espíritu. Antes de las religiones, nuestros ancestros fueron espirituales porque respetaban la naturaleza. En lo natural, ellos encontraron las lecciones que les enseñaron una manera saludable de vivir. Las actividades básicas y funciones del ser humano, tales como respirar, beber, comer, dormir o procrear, están integradas en nuestra relación con nuestra Madre Creación. Podemos mirar hacia atrás a las culturas que han practicado el modo natural de vida y que utilizan ese conocimiento para crearnos un mundo que nos ofrece Felicidad y Amor.

Una vida humana se puede extender hasta por 104 años al transcurso de un periodo de nueve estaciones o etapas. Nuestra confianza en esta afirmación proviene de las tradiciones antiguas. Este manual puede hacer realidad una vida de 104 años. A lo largo de vivir, la vida no se tiene que convertir en un esfuerzo lleno de angustia por el envejecimiento. Al contrario, debe ser una jornada resaltada por el Espíritu y la Vida. La Creación ha colocado ante nosotros los medios para llevar a cabo tal aventura. Los invitamos a convertirse en viajeros por este camino.

Permítanos comenzar esta excursión mítica con un cuento, una historia de los antiguos que ilustra que no necesitamos ir tan lejos para encontrar la Verdad. Se cuenta que cuando los humanos fueron colocados de nuevo sobre la Madre Tierra después de la gran inundación, los Creadores no estaban seguros donde poner el secreto de la Vida para que los humanos no lo pudieran encontrar. Tal conocimiento no podía ser confiado a creaturas tan poco fiables como los humanos. Varios animales sugirieron dónde ponerlo.

El Águila dijo, "Yo lo llevaría a lo más alto de las montañas donde los humanos nunca pudieran escalar." Pero todos sabían que eventualmente la gente descubriría la manera de volar y encontrar el secreto.

La Tortuga sugirió, "Déjenme llevarlo hasta el fondo del mar. Los humanos no pueden contener la respiración lo suficiente para llegar hasta ahí." Pero todos sabían que los humanos seguramente inventarían la manera de respirar bajo el agua.

Luego el Venado tuvo la mejor idea de todos. "Colóquenlo dentro de sus corazones. Ellos nunca pensarán en buscar ahí dentro." Por lo tanto así se hizo, y, en verdad, solo algunos de nosotros buscamos hacia nuestro corazón para encontrar respuestas.

Lo que reside dentro de este continuo latir, el órgano que bombea sangre no es solamente conocimiento sino que también la llave que abre la puerta hacia nuestro propio entendimiento. En efecto, un proverbio Tolteca dice que "El camino hacia la sabiduría radica en el diálogo con tu propio corazón." ¿Qué es lo que tenemos que entender entonces? Simplemente, cómo vivir de acuerdo a lo que nos demuestra la Madre Creación.

Esta información y conocimiento fue reunido para nosotros mucho tiempo atrás. Otro cuento de nuestros antiguos relata que nacieron dos niños cuyo destino fue ser la encarnación de dos espíritus poderosos de la Creación—Tierra Mujer *Tlalcihuatl* y Jefe Terrestre *Tlaltecutli*. Sus nombres propios eran diferentes, *Cipactonal* y *Oxomoco* (fig. 1). Esto sucedió hace tanto tiempo que la gente ya no está segura de cuál género va con cual nombre. Pero eso no es tan importante como su misión: que fue el dedicar sus vidas enteras a observar y grabar los movimientos de la Tierra y del Cielo.

Fig. 1 Padres de la Humanidad

Oxomoco y Cipactonal

7

Con su estudio que duró más de un siglo, ellos obtuvieron suficiente información como para crear ruedas sincronizadas del conocimiento. Este conocimiento fue, y sigue siendo, transmitido a través de las generaciones para que nosotros sepamos vivir como miembros de la familia de la Creación. Con este parentesco, se nos ha ofrecido una duración de vida de 104 años. Actualmente, estas ruedas sincronizadas, llamadas *Tonal Machiotl* y *Tonalpohualli,* son parte de los Calendarios Azteca y Maya, instrumentos astronómicos llenos de información y conocimiento que sirvieron a dos culturas en Mesoamérica. Hoy, esto puede ser un beneficio para toda la humanidad.

La información codificada se convierte en conocimiento. Cuando el conocimiento es aplicado, se convierte en sabiduría. A pesar de que este no es un curso intensivo de astronomía, ni tampoco queremos pretender que sabemos todo lo que *Cipactonal* y *Oxomoco* aprendieron en décadas de observación científica, si es de utilidad poder entender algunas premisas básicas de astronomía para lo que ellos llamaron *Tonalpohualli,* la *cuenta* del Sol. Incluidos están unos principios filosóficos como una herramienta para facilitar el aprendizaje a la mente y al corazón que lo adopte.

Lo que estos ancestros crearon es tan universal como lo es sencillo. Fue regalado a nosotros en una forma que nos permite comprender el conocimiento que ellos descubrieron. Para aquellos que deseen proseguir en este camino, los animamos. Existe una buena cantidad de maestros de la tradición y recursos que harán posible realizar esta tarea. Les presentamos lo que de manera más apropiada podemos llamar un manual fácilmente entendible y simple de aplicar; sin embargo, le avisamos desde el comienzo que lo que sí se requiere es disciplina.

El calendario Maya-Azteca es solo una de tantas formas en que esta información se ha mantenido. Otra forma es lo que se llama una *"cuenta* metafórica*"* en la cual los números son asignados a los fenómenos naturales a manera de significado mnemotécnico para almacenar conocimiento. Hay varias versiones de esta *cuenta,* como las encontradas en los trabajos de Domingo Martínez Paredes y Hunbatz Men, ambos maestros tradicionales Maya. Otros se encuentran en la tradición oral como cuando alguien nos dice "tú eres un veinte" (para decir que uno es completo) o "cuando tú no tienes nada lo tienes todo". Esta *cuenta* es también la fuente del título de este manual, *Nueve Estaciones,* refiriéndose a las nueve estaciones en la Vida. Esta cuenta del tiempo tiene raíces muy antiguas en Mesoamérica.

Aquí está la *cuenta,* cada cantidad seguida por una explicación:

Cero es Infinito. El Cero es nada y la nada es infinita. Antes de convertirnos en Uno, fuimos Cero. Nos convertimos en Uno viniendo del Infinito. El Cero es espiral, desplegándose para siempre y plegándose para siempre hacia el interior. Cuando el espiral se cierra forma un círculo; por lo que, el Cero se convierte en Uno. Pero el círculo retiene su espiral hacia el interior y por lo tanto nuestro centro (el ombligo) es el portal hacía el infinito.

Uno es el Sol. Tenemos solamente un Sol, nuestra única fuente de calor. Tenemos un padre universal quien en unión con la Tierra crea cada forma de vida incluyendo a los humanos.

Dos es la Tierra. La Tierra es una encarnación de opuestos: arriba-abajo, día-noche, femenino-masculino, líquido-sólido, y caliente-frío; la innata dualidad de la Tierra crea la vida.

Tres son los Animales. Hay animales de la tierra, el cielo, y el agua. Ellos nos enseñan cómo relacionarnos con las tres partes de nuestro medio ambiente: tierra, cielo (aire), y agua. Ellos nos enseñan también sobre nuestro "estado animal"—en el útero nadamos y respiramos como peces; cuando nacemos, avanzamos sobre la tierra; y en la medida que crecemos conscientemente nos permite "saltar" y "volar" como pájaros.

Cuatro es la Gente. Procreamos a través de un patrón de cuatro: madre, padre, hija, e hijo. Tenemos cuatro extensiones principales (extremidades) y encarnamos los cuatro elementos (fig. 2): fuego, tierra, agua y aire.

Fig. 2 Las Cuatro Extremidades

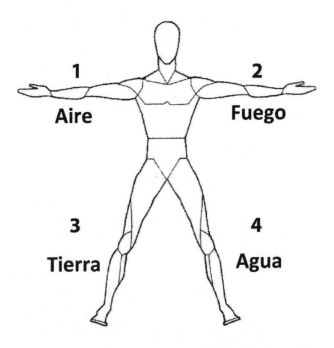

Cinco es el Mundo. Con el trabajo de los cinco dedos de cada mano transformamos la Tierra en un Mundo en la medida que podemos transformar un árbol en una mesa.

Seis es el Cielo. Hay seis cosas en el cielo que nos permiten medir la existencia (tiempo): El Sol, la Luna, las estrellas, las nubes, la Estrella de la Mañana, y la Estrella del Atardecer. Sus ciclos son íntegros al Calendario Azteca.

Siete es la Luna. La Luna tiene siete faces visibles. (fig. 3)

Fig. 3

Siete Faces visibles
de la Luna

Ocho son las Aves. Cuando abrimos nuestras manos, se ven como aves. Nuestra mano derecha representa a Venus como la Estrella de la Mañana y nuestra mano izquierda a Venus como la Estrella del Atardecer (fig. 4). Cuando las juntamos se forma un ave con nuestras dos manos. Ese es un gesto mnemotécnico representando los cinco patrones de Venus (cinco dedos) que se repiten cada ocho años (los dedos forman las alas del ave). También significa que la Estrella del Atardecer y la Estrella de la Mañana son una (el planeta Venus).

Fig. 4 Venus

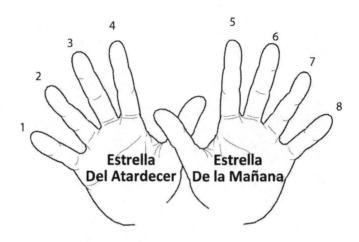

Nueve son las Estaciones. Hay nueve estaciones en una vida humana a lo largo de la existencia de 104 años. Cada trece años pasamos por una transformación de nuestro cuerpo, mente y alma. Aquí hay algunas maneras de ver ese proceso.

Durante una vida, el humano tiene la capacidad de adquirir siete transformaciones, una cada trece años después de nacer. Esto coloca a una persona en la edad de 91. Es posible entonces vivir por lo menos otros trece años. Nuestro tiempo en el útero es la primera estación. Cada transformación es también una estación (siete). Nuestros últimos trece años antes de morir representan nuestra novena estación.

Otra manera de ver este proceso es dividiendo la vida humana en dos partes, cada una en 52 años. La primera mitad son nuestros años de recibimiento también llamados *Tezcatlipoca* y la segunda son nuestros años de dar o *Quetzalcóatl*. Cada parte en turno tiene cuatro estaciones, se nos da un total de ocho, más la que pasamos dentro del útero son nueve.

Diez es la Muerte. Después de la estación nueve, morimos.

Once son las Aguas. Después de la muerte, la vida regresa al agua. Estamos dentro de una bolsa de agua y respiramos como peces.

Doce es Comunidad. Nacemos dentro de una comunidad. Nuestro cuerpo es una comunidad de doce articulaciones que nos permiten movernos. (fig. 5)

Fig. 5 La Comunidad

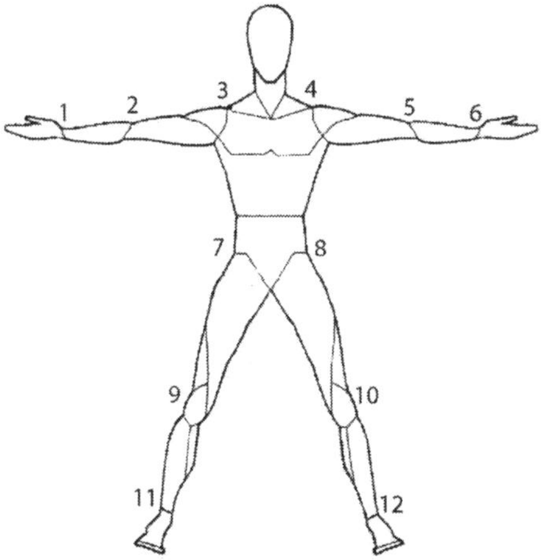

Las doce articulaciones
principales juntas como una
comunidad nos permiten
movernos

Trece son las Estrellas. Nuestra "treceava articulación" es nuestro cuello, que nos permite inclinar la cabeza y ver al cielo. Las estrellas representan pensamientos. Sus patrones representan conocimiento. A través de nuestras trece partes movibles, estamos aptos para aplicar este conocimiento. En otra versión de la *"cuenta* metafórica", el número trece significa conocimiento.

Los números del catorce al diecinueve son considerados compuestos de los números previos.

Veinte es Completo. Cuando tenemos los veinte dígitos de nuestras manos y dedos estamos completos. Toma 260 días dentro del útero para que un cuerpo humano esté completo (13 x 20 = 260). Pero, necesitamos otros trece días más para que nuestros centros electromagnéticos (chacras) se conecten y entonces es cuando nacemos (260 + 13 = 273).

Estamos seguros de que esta *cuenta* te será útil para leer, entender, y aplicar los conceptos de este manual. Te proveeremos referencias de alguna de esta información. La *cuenta* contiene el conocimiento obtenido por *Cipactonal* y *Oxomoco*, sin embargo no es nuestro propósito explorar cada aspecto de ella. Nuevamente, regresamos nuestro enfoque hacia nuestro corazón y, mientras aprendemos esta forma natural de contar, es de ahí donde las respuestas surgirán.

CAPITULO DOS: El poder del Trece

"El treceavo nivel de la Creación es la esencia de
la inactividad total,
completo silencio del cual florece toda la existencia
entre la dualidad y la muerte."
Carmen Nieva, Mexikayotl

En uno de los primeros episodios de televisión de Star Trek, una especie de otra parte de la galaxia, al tener su primer encuentro con humanos comenzó a referirse a ellos como "feas bolsas de casi pura agua". Aunque humorístico, esta es una descripción acertada de lo que somos. La Tierra por sí sola es un depósito mayormente compuesto de agua y esta composición hace posible utilizar el calor del Sol para crear las estaciones, los cambios geológicos, y una abundancia en formas de vida. También sabemos que el agua de la Tierra es jalada por la gravedad de la Luna creando no solamente la marea del océano sino también un reflujo y flujo en todos los cuerpos de la Tierra. Es por eso que el árbol para hacer muebles se corta cuando la Luna es nueva y la madera no está llena de líquidos todavía. Aquellos que saben, plantan de acuerdo a los ciclos de la Luna porque cada semilla reacciona diferente al porciento de humedad que hay en la tierra para sembrar. Los antiguos estaban conscientes de que como "bolsas mayormente compuestas de agua" que somos los humanos estamos también influenciados por el Sol y la Luna.

¿Acaso no rotamos a la vez que rota la Tierra? ¿Acaso no nos movemos alrededor del Sol a la vez que la Tierra orbita? ¿Acaso la Luna no nos orbita a la vez que se mueve alrededor de la Tierra? Como cuerpos de agua nosotros también tenemos un parecido en los patrones internos del tiempo, las estaciones, los cambios físicos, y en los continuos ciclos de vida y muerte en la medida que nuestros cuerpos crecen y se renuevan. Necesitamos estar conscientes de cómo nuestra posición y movimiento como pequeños cuerpos celestes reacciona a nuestros parientes en el cielo y la Madre Tierra. Conociendo esta consciencia, podemos utilizar nuestro propio movimiento celestial a través del universo para mantener el flujo cósmico y lo que hace para tener una vida larga y saludable.

Nuestra cuenta metafórica relata cómo el número trece, el cual representa conocimiento, puede ser formado sumando las 12 articulaciones principales de nuestro cuerpo a la habilidad de mover nuestras cabezas. Otra manera de relacionar el trece con la vida humana es darse cuenta de que el ciclo de la menstruación de la mujer está en sincronía con la Luna. Así como hay trece Lunas llenas en un año, una mujer es fértil también trece veces al año. Este número también resalta cuando examinamos los siete portales a través de los cuales percibimos o "interpretamos" el mundo y las seis direcciones de su enfoque: dos ojos, dos fosas nasales, y una boca hacen siete (fig. 6). Ellos perciben el mundo por el frente, atrás, lado izquierdo, lado derecho, arriba y abajo (seis). Siete más seis igual a trece.

Fig. 6 Siete Portales de la Percepción

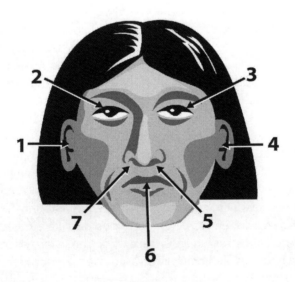

Otra manera en que el número trece resalta es sumando el número de los portales y sus funciones. La función del oído es escuchar y, actúa como un giroscopio interno para balancear nuestros cuerpos para que no caigamos mientras estamos de pie o caminamos. Los ojos son para ver y divide la información visual en dos partes, enviándola hacia la parte izquierda y derecha del cerebro. Los antiguos le llamaban a esto "la vista de la razón y la vista del conocimiento". Las fosas nasales son para respirar y oler. Nuestra boca percibe el mundo a través del gusto. Por lo tanto, siete portales más seis funciones son trece.

Existen varias maneras de organizar el número de las partes del cuerpo en patrones. En la medida que nos referimos a nuestra *cuenta*, veremos otros ejemplos y tendremos un mejor entendimiento de por qué nuestros ancestros hicieron esto. Los Humanos son producto de la unión entre una mujer y un hombre, creciendo desde un tamaño microscópico hasta la forma adecuada para funcionar fuera del útero. Esta es nuestra primera estación y hay una correlación entre este proceso y la astronomía de la Tierra, el Sol, y la Luna. Primero, concluyamos que nuestra concepción es debido a una ocurrencia lunar ya que los ciclos de fertilidad en las mujeres están muy atados a la Luna. Un ciclo Lunar puede ser dividido en tres partes: creciente, menguante y el tiempo de transición entre ambos. Lo que los antiguos descubrieron es que la fuerza menguante y creciente de la Luna puede ser dividida en trece días de fuerza creciente y trece días de fuerza menguante. A la cuenta del tiempo de transición para los ciclos de la Luna se suman aproximadamente 29 días.

Así como la Luna nos órbita a la vez que orbita la Tierra, nosotros también orbitamos al Sol a la vez que nuestra casa planeta se mueve alrededor de él. Examinando la jornada de la Tierra alrededor del Sol, encontramos de nuevo el número trece de una manera significativa. La astronomía simple nos dice que cuando la Tierra orbita un periodo o un año, nuestro planeta experimenta también cuatro transiciones principales: invierno, primavera, otoño y verano. Los antiguos también supieron que hay otras cuatro posiciones importantes de la Tierra en relación con el Sol:

- Trece días después del Solsticio de Verano, ella está en su posición más lejana del Sol.

- Trece días después del Solsticio de Invierno, ella está en su posición más cercana al Sol.

- Trece días después del Equinoccio de Otoño, ella está a la misma distancia del Sol así como trece días después del Equinoccio de Primavera.

- Trece días después del Equinoccio de Primavera, ella está a la misma distancia del Sol así como trece días después del Equinoccio de Otoño.

Los astrónomos de hoy le llaman a estas posiciones perihelio (cuando está más cerca), afelio (cuando está más lejos), y equihelio (equidistante) Estas posiciones son partes integrantes del Calendario Azteca con profundas implicaciones.

Siguiendo a la Tierra desde el punto del perihelio hasta su posición en el equinoccio de primavera descubrimos un total de 260 días. Trece días después, ella se encuentra en un punto equihelio lo que suman 273. Los antiguos descubrieron que la órbita de la Tierra puede ser dividida en patrones de 260 y 273, en los cuales el trece juega una parte. Sabemos que entre el solsticio de Verano y equinoccio de Primavera hay 273 días. Lo mismo sucede entre el equinoccio de primavera y el solsticio de invierno, entre el solsticio de invierno y el equinoccio de otoño, y entre el equinoccio de otoño y el solsticio de verano. Igualmente, hay 260 días entre el equinoccio de otoño y el solsticio de verano, entre el perihelio y el equinoccio de otoño, entre el equihelio de primavera y el solsticio de invierno, y entre el afelio y el equinoccio de primavera.

Estos números son importantes para el ciclo de gestación humana. Sabemos que toma 273 días para que se forme un ser humano dentro del útero. También sabemos que a los 260 días un cuerpo humano está completo, pero los antiguos nos dicen que se necesitan 13 días más para que comiencen a conectarse entre sí las fuerzas de animación y nuestros centros electromagnéticos, como parte de un proceso de integración que durará toda la vida. Por lo tanto, los mismos números que figuran en la órbita de la Tierra son de la misma manera como están en el ciclo de gestación humana: 260, 273, y trece. Este ciclo de 260 es llamado *tonalpohualli,* por lo que la rueda en el Calendario Azteca se refleja en el ciclo de integración humana con aquellos de la Tierra, la Luna, y el Sol.

Nuestras cuatro fuerzas de animación son productos de la fuerza espiritual que nos creó y por los cuatro elementos que nos dieron forma. Nuestro *Tonalli* aparece primero arriba de nuestra mollera, la hendidura que tenemos en la parte superior de la cabeza cuando somos bebés. *Tonalli* significa literalmente "vibración solar" es nuestro fuego solar. *Teyolia* aparece en el centro de nuestros corazones envolviendo el pericardio. Es nuestro espíritu-corazón. Debajo de nuestro hígado está nuestro *ihiyotl,* un gas verdoso creado de tierra y fuego que genera nuestras pasiones. Dentro de nuestra vejiga está el *atlachinolli,* el fuego que se mueve como agua y forma meridianos a lo largo de nuestros cuerpos, equivale al *chi* de China. La integración de estas cuatro, y su funcionamiento apropiado unido, es vital para mantener nuestra salud.

Cada jornada a través del cuerpo de nuestra madre también está dividida en nueve etapas consistentes en cinco momentos cruciales y el tiempo que transcurre entre ellas. El primer momento es nuestro nido o el apego al útero y la formación de la estructura que sostendrá nuestro crecimiento. La formación de un "nido" toma trece días después que una mujer queda embarazada. Segundo, a los 52 días se completa la formación del corazón. Tercero a los 169 días es la construcción de nuestro cerebro y el sistema nervioso. Cuarto a los 260 días sucede el asentamiento de nuestro *tonalli* en nuestra fontanela (mollera). Finalmente, a los 273 días se "rompe la fuente" cuando el líquido que nos sostiene se libera. Nuestro nacimiento, por supuesto, se da enseguida. Notemos el papel que juega el número trece a lo largo de estas etapas. Anidar toma trece días, cincuenta y dos es el producto de 4 x 13. Ciento sesenta y nueve es 13 x 13. Doscientos sesenta es 13 x 20. El agua es liberada 13 días después de que aparece el *tonalli*.

Aquellos que construyeron el Calendario Azteca-Maya hicieron del número trece la llave para su cuenta. Hay veinte días en la rueda del día (fig. 7) que son contados del uno al trece. Después del trece, la cuenta regresa a uno. Ellos dividen también el cielo de la noche en trece constelaciones por lo que el movimiento a través del tiempo del año nos dice la historia de la Creación. A una de esas constelaciones, Cygnus, ellos le llamaron el "Árbol de la Vida" el cual es "regado" cuando la lluvia de meteoritos aparece el 13 de Agosto en nuestro punto de observación para caer sobre esta constelación. El 13 de Agosto, 3117 A.C. fue escogido como el día del nacimiento de esta era, la Era del Maíz, la cual dura hasta el 13 de Agosto, 2012, y es parte del Calendario el regreso al punto cero el 21 de Diciembre del 2012.

Nuestros cuerpos también son sometidos a importantes cambios que pueden ser monitoreados utilizando el trece. Como explicamos en "Nueve son las estaciones", un cuerpo humano se somete a importantes cambios cada trece años. De este modo, las edades principales a notar son 13, 26, 39, 52, 65, 78, 91 y 104. Explicaremos más sobre cómo utilizar estos números de edades. Otro método de seguimiento es contar por días. Un cuerpo funciona en ciclos de trece días y tenemos que estar atentos no solo al hecho de saberlo sino para que organicemos nuestro vivir diario y así nos mantengamos en ritmo con la Creación. Nuestro próximo capítulo se enfocará en cómo hacerlo.

CAPITULO TRES: Meditaciones Celestes

"Nuestra Civilización Anáhuac no estaba plagada por conflictos sobre religión Pues nuestra cultura es científica".

Arturo Meza Gutiérrez

El Sol

Todos los días el Sol nos ofrece un regalo; simplemente tenemos que aparecer para tomarlo. Para aquellos que siguen el modo natural de vivir, sobre dormir significa simplemente levantarse después que el Sol se haya levantado. Es importante saludar al Sol mientras está saliendo porque en esos primeros rayos de la luz del sol hay una bendición para el día. Muchos le llaman al Sol padre o abuelo. Ellos consideran la espera a que aparezca en el horizonte un modo de ofrecer respeto a un anciano. Esta ofrenda permite una de las bendiciones. Esos primeros rayos de nuestro abuelo detonan endorfinas en el cerebro proporcionando un energético emocional para todo el día, algo que ha sido comprobado por la ciencia moderna. Uno de los efectos secundarios de este energético es la fortaleza de nuestro sistema inmunológico. Estas son bendiciones significativas tan solo con esperar de pie a que el sol salga. Por supuesto si comenzamos el día con esta práctica, entonces ofrendando al atardecer es también un modo bueno de prepararnos para cerrar el día.

Estrella del Atardecer y de la Mañana

Si acostumbra saludar al cielo en una manera regular, habrá dos objetos que seguramente atraerán su atención: Venus (como la Estrella de la Mañana y del Atardecer) y la Luna. Venus es la última "estrella" en permanecer mientras la luz del sol inunda el horizonte oriental. Entre otras cosas, ella es un símbolo del pericardio. El pericardio es el electrodo que está al centro del corazón el cual hace que este órgano se contraiga para bombear la sangre. El Sol representa al corazón porque, en la medida que cruza el firmamento, él se inclina hacia el sur en la misma manera que nuestros corazones se inclinan hacia la izquierda. Este movimiento de inclinación es llamado *Huitzilopochtli* (colibrí inclinándose hacia la izquierda o meridional). Una recomendación para la meditación por la mañana es utilizar la Estrella de la Mañana y al Sol como una manera de visualizar un buen latido del corazón para ese día.

Venus como la Estrella del Atardecer también lleva un mensaje. Algunas veces después de la puesta del Sol ella quedará fuera de la vista. Esta desaparición simboliza caerse dormido entrando en un estado de sueño. Metafóricamente, se dijo que la Estrella del Atardecer se convierte en el espíritu de un perro llamado *Xolotl* quien fue al inframundo con la habilidad de rescatar almas perdidas. Nosotros podemos utilizar la Estrella del Atardecer para visualizar nuestra propia entrada a nuestros sueños y pedirle a *Xolotl* que nos ayude a encontrar paz con cualquier problema psicológico que estamos llevando al dormir. No necesitamos analizar qué nos preocupa, sino simplemente darle al espíritu sirviente de la noche, esa parte sabia de nosotros mismos que trabaja mejor mientras estamos inconscientes. Se ha dicho que el poder de *Xolotl* proviene de su habilidad para tomar cualquier forma en el inframundo, participando en cualquier drama que pueda surgir para luego retornar instantáneamente a su auténtico ser. Él es flexible, juguetón, desprendido y aun profundamente cariñoso.

La Luna

Mientras miramos al cielo durante el atardecer o en la madrugada, es común también observar a la Luna y tomar nota de cuál cara nos está dejando verle ese día. Se puede utilizar su cara como un recordatorio de dónde debe estar nuestro enfoque introspectivo en ese momento. Una cara vacía (nueva Luna) y una Luna llena son tiempos de transición. Cuando la Luna alcanza su posición llena, su fuerza ha elevado ya en trece días los fluidos de todo ser viviente. En la medida que se vacía, ella va dejando que desciendan. Cuando la Luna está en creciente, la fertilidad en la Tierra está aumentando—un tiempo primordial para plantar depende en la fase creciente. Cada semilla tiene su tiempo correspondiente a cada fase. Por ejemplo, el mejor momento para sembrar calabaza es durante el momento creciente. Dentro de nosotros todos nuestros fluidos, incluyendo nuestra sangre, son jalados y energizados por la Luna. Es un buen momento para movernos un poco más aprisa en tareas o empujar un poco más duro. En la medida que ella va entrando en menguante, la Luna comienza a liberar su tensión y puede ser el mejor tiempo para ir más lento o no empujar tan duro. Por ejemplo, el mejor momento para cortar un árbol que será usado en fabricar algún mueble es durante el creciente menguante y la cara vacía. Así la madera no estará llena de líquido la cual cubriría a la madera seca.

Observando y, lo más importante, sintiendo la Luna de esta manera te dará la oportunidad de escucharla, de escuchar de hecho su vibración. Este fenómeno es llamado *Coyolxauhqui,* guardián del sonido original. *Coyol* es un collar de nueces secas que producen un suave sonido de cascabeleo. *Xauh* significa "adornada con". *Qui* significa "el que cuida". Los antiguos creían que la creación del universo comenzó a través del sonido. En una historia de la creación, cuando no había nada excepto el vacío y el silencio, *Huehuecoyotl* (Viejo Coyote) rompió el silencio soplando su Caracola. El eco de ese sonido todavía permea el cosmos. Ellos también percibieron que la luna mantiene esa vibración del eco de la concha del Viejo Coyote y de que aún es posible, bajo las propias circunstancias, escuchar el sonido del inicio de la Creación. Se dice que al momento de que una mujer queda embarazada, si está atenta, ella podrá escuchar el eco de la Luna, confirmando la creación de nueva vida.

Las Estaciones

El principio de cada estación, lo cual es de hecho una posición transitoria cuando la Tierra se inclina entre el trópico de

Cáncer y el trópico de Capricornio en la medida que orbita al Sol, es otra oportunidad de parar por introspección. Tratemos de entenderlo de esta manera, en la medida que la Tierra va en transición del Invierno a la Primavera o del Verano al Otoño, nuestros cuerpos van en una transición similar también. Si durante nuestro saludo al Sol, observamos el primer día de Primavera, nuestros cuerpos también están yendo de un modo como en un estado de Invierno hacia una renovación. En la medida que la Tierra entra en el Verano, nosotros también nos movemos de una estación de fertilidad hacia una estación de fuerza solar. El Otoño es un periodo de mayor lentitud y el Invierno es el tiempo de hibernación. Nosotros no necesariamente paramos en el Invierno o nos evaporamos totalmente durante el Verano, pero estando conscientes y honrando nuestro estado interno en relación a nuestra órbita alrededor del Sol, podemos invitar a nuestra sabiduría silenciosa, presente siempre, a ir caminando al paso de las estaciones.

El Afelio, Perihelio, y Equihelio

También sabemos que la Tierra tiene otras cuatro posiciones orbitales, un afelio, perihelio, y dos equihelios que llegan trece días después del comienzo de cada estación. Durante cada uno de estos días, podemos tomar tiempo también para meditar en lo significativo de estos puntos. Los equihelios, son cuando la Tierra está en la misma distancia con el Sol por trece días después del equinoccio de Primavera de la misma manera que estuvo trece días después del equinoccio de Otoño, es cuando se alcanza el balance complementando las estaciones que siguen. El primer día de los equinoccios de Otoño y Primavera dividen el periodo de 24 horas exactamente a la mitad, y la misma cantidad de horas para el día son para la noche. Esto viene a ser un recordatorio de que estemos conscientes de mantener nuestro balance interno y externo.

El perihelio es cuando la Tierra está más cercana al Sol. Lo podemos visualizar en la medida que el Sol ejercita su máximo tirón a la Tierra como si quisiera abrazarla. Piensa en la relación con los que amas y quienes dependen de ti. Reflexiona sobre las graves consecuencias si el Sol abrazara completamente a la Tierra. Todos nos quemaríamos. No importa que tan cerca estemos a una persona, lugar o idea, debe de haber un espacio saludable entre nosotros que nos mantenga cerca.

El afelio es cuando la Tierra está más alejada del Sol. Lo podemos visualizar en la medida que la Tierra ejercita su máxima fuerza para retirarse del Sol. Reflexiona sobre la posibilidad de que la Tierra se separe de la órbita del Sol. Todos nos congelaríamos. Este es un buen momento para meditar en nuestra interdependencia con otros. ¿Qué tanta distancia queremos mantener entre nosotros y aquellos con quienes estamos más cercanos?

Trece días después del equinoccio de Primavera, la posición del equihelio nos brinda una oportunidad única de explorar a largo plazo sobre dónde nos encontramos en nuestras vidas. Cada ocho años, trece días después del equinoccio de Primavera, Venus se alinea con el conjunto de las siete estrellas de las Pléyades. El último alineamiento fue el 3 de Abril, 2004, y después en el 2012. Durante este tiempo, el Pléyades se alinea con Venus como Estrella del Atardecer (*Tezcatlipoca)* y como la Estrella de la Mañana *(Quetzalcóatl).* Así es como nuestros antiguos descubrieron que la Estrella del Atardecer y la de la Mañana son una, después de que desaparece durante el atardecer reaparece bajo el Pléyades muy temprano en la mañana.

Observando este fenómeno es un buen recordatorio de cómo algo que aparece dividido es en realidad uno: tierra y cielo, noche y día, luz y obscuridad, positivo y negativo, energía y materia, forma física y espíritu, lado izquierdo y derecho del cerebro—los opuestos son parte de una sola cosa. De la misma manera, nosotros somos uno con la Creación. El número de estrellas en el conjunto de Pléyades simboliza los siete orificios en nuestra cabeza por los cuales absorbemos información. En la medida que Venus se alinea, siete se convierte en ocho en cuanto que la información se convierte en conocimiento. El conocimiento aplicado puede transformarse en sabiduría.

Cygnus: El Árbol de la Vida

Otra meditación estelar puede ser practicada durante el 12 y 13 de Agosto cuando se presenta una lluvia de meteoritos (lluvia de estrellas). Debido a nuestro punto de ventaja, los meteoritos parecen que caen sobre la constelación de Cygnus, una constelación de seis estrellas que parece una cruz. Los antiguos vieron esta constelación como el Árbol de la Vida el cual los Maya identificaron como el árbol de la ceiba y los Aztecas con una planta de cactus. Cuando el calendario fue desarrollado por las dos culturas, ellos acordaron agregar otro significado a Cygnus, el cual fue una planta de maíz. Por lo tanto los meteoritos "cayendo" sobre Cygnus toman un doble significado. Uno es que la lluvia de meteoritos representa que se está regando el Árbol de la Vida. El otro significa que los meteoritos representan semillas de maíz que han sido plantadas y comienzan a brotar en los tallos del maíz. El 13 de Agosto, 3117 A.C. fue asignado como la fecha de nacimiento de la Era del Maíz. Este es un momento para regar nuestras almas, nuestras vidas, y plantar nuevos pensamientos y nuevas metas.

Ver y utilizar el cielo de la noche para meditación puede ser bastante efectivo. Hunbatz Men, un anciano Maya de Yucatán, México, recomienda recostarse en su espalda y mirar directamente hacia el cielo evitando cualquier imagen periférica que pueda interferir con su enfoque. Logrando un buen punto, usted puede sentir de hecho como si se encontrara allá en el espacio mezclando sus pensamientos con las estrellas. Usted no necesita entender astronomía para meditar, solo vea fijamente el cielo de la noche, déjese ir, y vea que sucede.

CAPITULO CUATRO: Siete Prácticas

"La sabiduría comienza a través de un dialogo con tu propio corazón".
Proverbio Tolteca

Nacemos completos, pero olvidamos. Mucho de lo que aprendemos en realidad lo estamos recordando. Durante nuestra primera estación, desarrollamos una relación íntima con el agua. Estamos aptos para crecer dentro del líquido que llena el útero de nuestra madre. Nos movemos confortablemente en el agua. Estamos tan a gusto, que de hecho, al nacer sabemos cómo nadar. Sin embargo, a menos que continuemos nuestra práctica, lo olvidamos pronto y después tenemos que tomar lecciones para nadar. Lo mismo ocurre con nuestra respiración.

Cada infante instintivamente sabe cómo respirar. Observen la pancita de un bebe y pueden ver como su bajo vientre sube y baja cuando el aire entra y sale al respirar profundo. Nuestro fuego interno necesita aire y nacemos aptos para alimentar completamente ese aire. Pero en la medida que crecemos, nuestra respiración se vuelve superficial y tomamos el aire solamente para los pulmones y no para la parte baja de nuestro cuerpo donde, de acuerdo a los antiguos, tenemos un "horno interno" por el cual fluye nuestro *atlachinolli*, una de nuestras cuatro fuerzas animadoras. Respirar correctamente es una de las siete cosas que tenemos que re-aprender para poder vivir 104 años. Las otras seis actividades que ahora tenemos que aprender y practicar son cómo comer, movernos, sentir, pensar, compartir y utilizar el agua.

AIRE: Respiración

Cada inhalación que hacemos tiene que ser profunda, tiene que llegar hasta donde se origina el *atlachinolli*. Al principio, necesitamos hacer esto de manera consciente, diariamente, y en un tiempo suficiente de manera que lo hagamos sin pensar. El comienzo es sencillo. Utilice los músculos de su bajo vientre entre cada respiración para hacer que el aire llegue profundo, no solamente hasta los pulmones. Respirar y exhalar a través de la nariz, evitando usar la boca. Tomar el aire con la boca es útil solamente cuando quiera enfriar su fuego interno, usualmente cuando queremos compensar algún desequilibrio como algún dolor, hiperactividad, o alta azúcar en la sangre. Agregando un programa de ejercicio a este esfuerzo, especialmente tai-chi, chi-gong, y yoga será de gran ayuda.

AGUA: El Flujo de la Vida

Muchos de nosotros sabemos las recomendaciones médicas de consumir por lo menos ocho vasos de ocho onzas con agua diariamente. Esto le da a nuestros cuerpos lo mínimo requerido para mantenernos hidratados. Tomando arriba de trece vasos sería una excelente práctica. Hay más para usar el agua que beberla. Agua es memoria, memoria viviente. Su percepción de las coas alrededor es profunda. Beber agua que ha sido expuesta a conflictos, o circunstancias difíciles se transforma en agua contaminada y es la que bebemos. Por lo tanto, tomen un momento para clarificar sus mentes antes de beber el agua e incluso hagan el esfuerzo de cambiar su estado mental a uno positivo. En otras palabras, bendigan el agua.

Utilizamos agua diariamente para limpiar nuestros cuerpos. Todos los que vivimos en sociedades industrializadas estamos acostumbrados a darnos un regaderazo de agua caliente por las mañanas y comenzamos con la cabeza. Esta práctica no conduce a una buena salud. Esta forma antinatural de mojar la cabeza ejerce un choque en el cuerpo generando un desbalance. Es mejor usar la regadera o baño de tina con agua a la temperatura ambiente y recibir esta substancia como regalo de la vida en su estado más natural. También, comiencen en sus pies y gradualmente seguir hacia arriba, siendo la cabeza la última en humedecer. Antes de dejar que el agua vaya más allá de los pies, humedezcan sus manos y tallen sus orejas. Luego humedezcan sus manos de nuevo y pongan algo de agua en la parte de la cabeza donde estaba su mollera. Esto previene que el frío del agua genere un desbalance. Cuando alguien les salpica agua fría también sienten un choque, creando un desbalance, abriendo el cuerpo a infecciones. Cuando algo así suceda, rápidamente mojen sus orejas con el agua fría y luego mojen la parte superior de su cabeza.

El agua es purificadora de muchas maneras. Simplemente el manter una cazuela llena de agua en alguna parte de tu vivienda proporcionará una vibración limpiadora a tu casa, vacíen la cazuela y vuélvanla a llenar con agua de una manera regular. Recomendamos mantener el contenedor de agua para este propósito por un máximo de siete días. Una cazuela de agua también es buena para la meditación o para lo que se le llama "contemplación del agua". Siéntate sosteniendo una cazuela de agua en tus piernas. Con la cabeza inclinada, mirando hacia el agua permite que tus pensamientos fluyan. Tal vez te sueltes sumergiéndote en lo nebuloso del agua o algunas veces verás imágenes y sensaciones de entendimiento.

Finalmente, hay una nota sobre las lágrimas. Este precioso líquido es una manera de expresar emoción; ellas nos ayudan a vivir en su totalidad las experiencias y a beneficiarnos de nuestras emociones. Cuando vemos a alguien llorar, el protocolo usual es darle un pañuelo para limpiar sus lágrimas. Esto no es lo que intenta la Creación. Nuestras lágrimas deben humedecer nuestra piel y secarse ahí mismo. Permitiendo que se sequen en nuestra piel y se produzca una reacción química que mejora nuestra alegría, si esa fue la razón de nuestras lágrimas, o la sanación desde el dolor el cual nos produjo que salieran esas lágrimas.

NUTRICIÓN: Dieta

Somos lo que comemos. En una era donde la comida es rápida y procesada, se requiere de un esfuerzo para comer saludable. Exactamente igual, la disponibilidad de alternativas es también refrescante. Podemos elegir orgánica, vegetariana, vegana, o macrobiótica por nombrar algunas. Programas de suplemento dietético están también a la disposición fácilmente. Lo que en este manual les ofrecemos es simplemente un plan de dieta que consiste en las llamadas "Siete Guerreros".

La dieta Mesoamericana fue basada alrededor de siete alimentos: frijol (*etl*), calabaza (*ayotli*), maíz (*tlayolli*), chile (*chilli*), amaranto (*uactli*), agave (*metl*), y cactus (*nopalli*). En la medida de que estos alimentos sean parte de la dieta regular, pueden incluir carne de cualquier tipo. Sin embargo, estos alimentos por si solos, son capaces de proveer una nutrición completa. Los suplementos eran la chía, cacao, papaya, mezquite y tomate. En el Capítulo Cinco de este manual daremos mayor explicación sobre esta dieta y los Siete Guerreros.

MOVIMIENTO: Ejercicio

Muchos de nosotros subimos escaleras todos los días. No nos damos cuenta de que la manera en que damos cada paso lastima nuestras espaldas. Una manera natural de subir las escaleras es de lado a lado, en la forma en que una serpiente repta al cruzar por el suelo. Los escalones angostos se deben de subir de lado en vez de ir derecho. Subir escaleras en una dirección vertical lastima nuestras espaldas y la puede dañar permanentemente con el tiempo.

El movimiento diario es esencial y es importante hacerlo de una manera apropiada. Con esto, queremos decir que aprendamos a movernos naturalmente, ir con la caída y fluidez de la gravedad y no en contra de ella. Nuestros músculos más fuertes se encuentran en los muslos; es ahí donde el apoyo a nuestro cuerpo se debe de anclar. Hemos designado una sociedad en la cual nuestra espina dorsal, una de las partes más débiles del cuerpo, juega este papel. Sofás, sillas, y colchones son objetos ilusorios de confort. Cuando nos sentamos, nuestras rodillas deben de estar bajo nuestras caderas con nuestro trasero deteniéndonos. Las sillas, en las que nuestras rodillas quedan flojas debajo de nuestras caderas, están causando una presión en nuestras espaldas sin que nos demos cuenta. Los colchones deben ser duros y no blandos. La elasticidad del colchón obliga a la espina dorsal a que detenga el cuerpo durante la noche y hacer que las vértebras sean susceptibles de desalinearse o incluso sufrir una posible fractura. A la larga, dormir en el piso es una opción más saludable. Por lo menos, por favor asegúrense de que su colchón sea firme.

Caminar pareciera una actividad natural. Seguramente todos sabemos cómo caminar. Los niños tienen un balanceo natural al caminar. Al igual que la respiración profunda, esto es algo que igualmente parece que lo pierden con la edad. La mayoría de la gente camina con sus rodillas casi cerradas, moviéndose como si tuvieran palos en vez de piernas. Nuestras piernas tienen tres coyunturas con las cuales nos movemos como si estuviéramos en un suave baile.

Cuando nos movemos, debemos permitir que nuestro cuerpo entero participe en cada movimiento. Esta coordinación está presente desde temprano en nuestras vidas, pero la olvidamos. Para recuperar nuestro balanceo natural y coordinación es a la vez muy simple: bailen y naden seguido. El baile y la natación son actividades de esparcimiento que también brindan disciplina y ejercitan el cuerpo para lograr una mejor coordinación. No importa si baila salsa, country, o rock and roll. Haga del baile una parte integral de su vida. Por todo el mundo los antiguos desarrollaron disciplinas de ejercicios o bailes para enseñar movimientos saludables del cuerpo. De nuevo, tai-chi, chi-gong, o yoga son altamente recomendables. Los antiguos Mesoamericanos nos dejaron también un sistema de danzas las cuales son practicadas por muchos grupos en México y en los Estados Unidos. Los tres, mejores sistemas conocidos son: Danza Azteca, Matachines, y Capoeira.

EMOCIÓN: Sentimientos

Una cara humana con solo 43 músculos es capaz de producir 10,000 expresiones faciales diferentes. Esta extraordinaria hazaña es indicativa de la variedad de formas en las que podemos proyectar diferentes emociones. Nuestras emociones, ya sean de gran júbilo o de una profunda tristeza, son liberadas desde nuestras almas y corazones. Es importante de no reprimir dichas expresiones sino que las expresemos apropiadamente, de igual manera estar conscientes de lo que sentimos. Muchos de nosotros tenemos dificultad nombrando más que un puñado de sentimientos. Mencionamos varios, pero actualmente hay nombres para más de 100 emociones.

Mientras que muchos de nosotros sabemos acerca de nuestro IQ, Coeficiente Intelectual, tenemos dificultad para saber cuál es nuestro EQ, Coeficiente Emocional. Cuando éramos niños, no teníamos dificultad expresando cómo nos sentíamos. El crecimiento se convierte en una escuela para aprender cómo ocultar nuestros sentimientos, lo cual ha creado individuos discapacitados en su EQ. Cuando honramos nuestros sentimientos a través de la consciencia, la expresión y la acción, estamos honrando y nutriendo nuestras almas. Consciencia es estar apto de saber lo que estas sintiendo. Expresión es permitir al tu cuerpo manifestar lo que sientes. Acción es hacer lo que la presencia de los sentimientos te está guiando a hacer: enviar flores, renovar amistades, pagar deudas, o ir a la iglesia a rezar, etc. Sin la vitalidad de nuestras almas, las otras actividades saludables no son suficientes para sostener un cuerpo por cien años.

La salud emocional es un estado en el que nos sentimos a gusto con nosotros mismos. A partir de esa consciencia la expresión y la acción le seguirán. En nuestros días "para sentirnos confortables en nuestra propia piel", muchos de nosotros buscamos terapia, entrar al programa de los doce pasos, o tomar alguna disciplina espiritual. Con el advenimiento de la "psicología de la energía" tal como la *Psych-K*, ahora hay muchas maneras en las cuales podemos aprender cómo dirigir positivamente nuestras emociones. Aquí te presentamos dos sugerencias sencillas:

Una: Encuentre un lugar en el cual aún tenga alrededores naturales, tal vez un lugar en el parque. Haga su propio lugar, un lugar donde usted puede pasar un poco de tiempo cada día de una manera regular. Siéntese ahí y note la vegetación, el clima, y cada presencia de algún animal –hormigas, abejas, gusanos. Sea consciente de no alterar nada sino que observe cómo cambia la naturaleza. La vegetación crecerá, secará, y se marchitará. Las hormigas aparecerán en ciertas ocasiones y desaparecerán completamente en otras. Note cómo cambia la temperatura, cuando el viento vuela y en qué dirección, el efecto de la lluvia en el lugar. Esta es una meditación que involucra a la Madre Naturaleza, nuestra maestra universal. Estar con la naturaleza es una buena manera de liberar estrés.

Dos: Tome algún tiempo y realice una lista de siete actividades que nutran su alma. Esto toma una introspección sobre lo que constituye su alma y qué actividades la nutren. Pregúntese a usted mismo(a) qué hace o qué le gustaría hacer para divertirse pero no limite estas actividades únicamente a tener diversión. Sea específico(a) en esta introspección. Si enlista arte, ponga qué actividades relacionadas con el arte. Parte de nutrir su alma podrían ser cosas que tal vez no haya hecho antes. Una amiga puso en su lista atender a servicios de iglesias de diferentes denominaciones de Fe. Exponerse a una variedad de tradiciones de diferentes iglesias diferentes a la suya puede ser una experiencia muy buena para nutrir el alma. Una vez que tenga su lista, integre esas actividades a su vida. Esta lista puede ser algo que podrá ser parte de cómo nutrir su alma por el resto de su vida.

Según se cuenta que *Quetzalcóatl* fundó la civilización *Tolteca* (alrededor de 870 DNE) bajo la premisa de que nosotros debemos "amar y crear belleza". En el idioma *Náhuatl*, *tlazo* significa ambos amor y belleza y es sinónimo de la palabra precioso. Recordemos que en la historia del Capítulo Uno, El Venado sugirió que los Creadores escondieran el secreto de la vida dentro del corazón humano. Los antiguos se dieron cuenta de que la llave para cualquier esfuerzo humano está en encontrar ese secreto, el cual es Amor. El académico Maya, Domingo Martínez Paredes confirmó esto desde su lecho de muerte en 1986 cuando dijo, "Lo más importante es el Amor, hacer todo con Amor, el Amor es lo que tiene verdadero valor".

PENSAMIENTO: Semillas de Realidad

Los antiguos dividieron el campo del pensamiento, el cual incluye el cerebro, el corazón, y todo nuestro sistema nervioso, de acuerdo al modelo de la rueda de las cuatro direcciones. Fuimos creados y nacimos con cuatro poderes innatos de pensamiento: inteligencia (Este), poder de la voluntad (Sur), memoria (Oeste), y la sabiduría (Norte). Una mente humana necesita viajar constantemente la rueda de estos cuatro poderes y estar consciente que tienen un "enemigo" y un "aliado". Ambos son beneficiosos porque nos enseñan. El aliado de la inteligencia es el análisis (averiguar las cosas). Su enemigo es la justificación (justificando nuestras acciones aun cuando fueran malas). El aliado de la fuerza de voluntad es el instinto (observar la necesidad de actuar); su enemigo es la vacilación (pensar demasiado o tener miedo). El aliado de la memoria es la introspección (mirar hacia adentro haciendo un inventario); su enemigo es la indulgencia (querer repetir algo que es placentero a pesar de que sea peligroso como la adicción a las drogas). El aliado de la sabiduría es la observación (tener la capacidad de retirarse de alguna situación para poder tener una perspectiva objetiva); el enemigo es el aislamiento (separarse mucho de los demás, sin querer participar). Moviéndose constantemente alrededor de esta rueda del pensamiento nos da la oportunidad de conocernos nosotros mismos y "ver antes de saltar."

Maestros espirituales como Buda, Krishnamurti, y Eckhart

Tolle nos dicen que nuestro cerebro es un instrumento. Los pensamientos que producimos son para ayudarnos en nuestra vida diaria. Aprendiendo cómo pensar significa que aprendemos a utilizar nuestro cerebro como una herramienta útil para mejorar nuestras vidas. Ellos nos previenen de observar cuidadosamente nuestros pensamientos porque ellos pueden determinar nuestro destino. Nuestros pensamientos son la semilla de la realidad.

COMUNIDAD: Compartiendo

Somos creaturas sociales. Pocos de nosotros queremos ser ermitaños. Lo que mantiene a cualquier comunidad funcionando es nuestra habilidad de compartir. Al nivel macro, solo necesitamos ver a nuestra civilización darnos cuenta qué tan ancho es el abismo que permitimos entre los ricos y los pobres. Dos por ciento de la población mundial controla más de la mitad de la riqueza del mundo. El problema no es tanto lo político o lo económico. Existen amplios recursos para todos los hijos de la Madre Tierra. El problema es no saber cómo compartir. Compartir es un rasgo humano que practicamos cuando somos niños, si tan solo pudiéramos continuar este rasgo a la vez que crecemos.

Nuestro miedo a compartir surge a partir del miedo de otros. No podemos perder esta inseguridad simplemente deseando que se vaya. La manera más efectiva es practicando servicio a la comunidad. Khalil Gibran, en *El Profeta*, nos dice que cuando damos de nuestras riquezas en realidad damos poco, sin embargo, no es sino hasta que nos damos a nosotros mismos cuando damos verdaderamente. Aprender cómo compartir comienza con darnos a nosotros mismos. Cuando compartimos estamos dejando ir nuestras inseguridades. A través del servicio encontramos por qué "es dando como recibimos".

Aprender y practicar estas siete habilidades forman las bases para vivir los 104 años que la Creación nos ha destinado. Es importante recordar que debemos reaprender a respirar, comer, movernos, sentir, pensar, compartir, y el uso del agua. Tomen tiempo para reflexionar sobre las siete habilidades necesarias para vivir sus Nueve Estaciones de Vida.

CAPITULO CINCO: Los Siete Alimentos Guerreros

"Los doctores del futuro no tratarán la estructura humana con drogas, sino más bien curarán y prevendrán las enfermedades con nutrición".

Thomas Edison

Hace más de cinco mil años, la gente del México central decidió que la noche de la lluvia de meteoritos en el cielo (debido a la apariencia de lluvia cayendo sobre la constelación brillante de Cygnus) sería la Era de la fecha de nacimiento del Maíz. Hoy, conocemos esa fecha como el 12 de Agosto. Mucho antes que eso, ellos habían hecho un pacto con una planta cardo llamada *Teocentli* para que ella se pudiera transformar en una forma en que pudiera alimentar a la Gente. Evadiendo un proceso normal evolutivo, literalmente de la noche al día, esta planta cambió para producir largas mazorcas de grano que llamaron *Tlayolli,* Dador de Vida. Durante la transformación, *Teocentli* perdió la habilidad para reproducirse, por lo que la Gente acordó eso, y de aquí en adelante, ellos plantarían su semilla por siempre. De esta manera, ambas especies, maíz y humano sobrevivirían.

El Maíz es un producto maravilloso. Viene en cuatro colores básicos: rojo, blanco, amarillo y negro. Mezclando esos colores nos dan otros como el azul, morado, verde y café. Su frecuencia vibratoria es muy parecida a la de los humanos, proveyendo un elemento factual a la leyenda Mesoamericana de que los humanos fueron hechos del maíz. Cocinado es una excelente fuente de fibra en la dieta, tiamina, y folato. Crudo, es una buena fuente de vitamina C, magnesio, y fosforo. Hoy en día, el maíz, también conocido en México por sus nombres indígenas de teocintli y maíz, provee nutrición al planeta entero. Originalmente, fue parte de los "Siete Guerreros", un grupo de alimentos alrededor de la dieta de los cuales los Mesoamericanos fueron organizando.

Maíz (maíz), Ayotli (calabaza), Etl (frijoles)

Estos siete guerreros pueden visualizarse como la pirámide alimenticia, colocando al maíz en la cima; seguido del siguiente nivel que consiste en amaranto, maguey (agave), chile, y cacto. Los primeros tres, acompañados con agua, proveen la mínima nutrición que una persona necesita. En otras palabras, alguien puede vivir del maíz, frijol y la calabaza toda su vida. Aunque es una planta básica en la dieta, no significa que usted debe ser vegetariano. No es tanto lo que usted quiera agregar a su dieta, lo que si importa es que ellas debieran ser parte regular de nuestra nutrición.

Entre las poblaciones indígenas al norte de México (en Estados Unidos), el maíz, el frijol, y la calabaza son conocidas como las tres hermanas. Como en el sur, son plantadas juntas para ayudarse una a la otra a crecer. Las hojas largas de la calabaza cubren la tierra y ayudan a retener la humedad para sus hermanas. El tallo del maíz provee un medio por el cual la vid del frijol se puede enredar alrededor y detenerse.

La vid del frijol mantiene juntos los tallos del maíz para resistir los vientos fuertes de las tormentas, y en sus raíces crean nitrógeno para la raíz del maíz. Una vez que se marchitan y se secan, el mezclarlos en la tierra provee una manera de fertilizar la tierra. A medida que el maíz comenzó a viajar del México central a través del continente, este método de cultivar fue seguido. Comunidades indígenas a lo largo del norte y sur de las Américas plantan las tres hermanas de la misma manera.

Se ha dicho que las tres hermanas dibujan su poder desde su conexión con los tres cuerpos estelares. El maíz representa al Sol y se dice que contiene su poder porque fue el Sol quien durante el pacto original permitió que la planta transformara la luz del sol en granos de maíz. Es por eso que el maíz contiene todos los colores del cielo.

La calabaza es una planta que representa a la Luna por la forma que tiene como de útero. Hasta estos días, el mejor tiempo para sembrar calabaza es durante la Luna creciente porque, durante ese tiempo, la Luna tiene forma de útero también.

La vida en la cual crecen los frijoles simboliza el movimiento de Venus alrededor del Sol, particularmente cuando Venus se alinea entre la Tierra y el Sol y aparece para cruzar a toda velocidad la superficie del Sol. En la medida que consumimos las tres hermanas, honramos su relación con los cielos y reflexionamos que en realidad estamos ingiriendo el poder del Sol, la Luna, y Las Estrellas de la Mañana y del Atardecer.

Así como con todos los siete guerreros, la clave en su nutrición es comer la variedad de comidas que se pueden preparar de cada uno. El maíz puede ser tortillas, pan, tamales, sopa, rosetas de maíz, elote rostizado, granos cocinados, o chacales (sopa de maíz quebrado) La planta del maíz produce un hongo llamado *huitlacoche* el cual se puede cocinar y servir como un *dip* o como un complemento en los tacos. La calabaza puede ser cocida a vapor, freída, horneada, o comerse cruda. Sus flores también se pueden usar para cocinar o comerse crudas. Los frijoles pueden ser cocinados enteros, machacados, o freídos. Pueden servirse calientes, fríos, o complemento de ensaladas. Es muy fácil neutralizar los efectos de gas que producen cociéndolos con una hierba conocida como el *epazote*, fácilmente encontrada en casi todos los mercados de comida Mexicana. Las hojas de laurel también pueden ser usadas para el mismo propósito.

Melt (maguey o agave)

La planta del maguey es considerada la Generala de este ejército de guerreros por su resistencia a los ambientes difíciles, pudiendo crecer aún en lugares con muy poquita agua. Muchos de nosotros conocemos al maguey como la planta con la que se produce el tequila, sin embargo esta planta produce una miel altamente nutritiva (*meoctli*) cuyo valor glicémico lo hace muy útil para las personas diabéticas. Al Maguey le crece también un tallo largo llamado *quiote*. Pelado y rebanado puede ser cocinado y tiene una textura como la papa. Con sal y preparado con otros vegetales o carnes, hace una comida deliciosa y saludable. Las raíces del maguey tienen un uso medicinal valorable en el tratamiento de la artritis en las articulaciones. Esta planta es la generala de los guerreros, pero es una generala femenina. Maguey, parte de la familia del agave, es la representante de la Luna en la Tierra. Su espíritu *Meyahuel*, se dice que es una de las dos fuerzas femeninas en la Tierra que renuevan el suelo y transforma el poder del Sol en la estación de la Primavera. La otra fuerza femenina es llamada *Tlazolteotl*, la habilidad de la Tierra en convertir la materia decaída en fertilizante.

Nopal (cactus)

Mientras que los Maya asociaron el árbol de la ceiba con la constelación de Cyngus, los Aztecas le dieron este papel al nopal o planta de cactus. Este "Árbol de la Vida" produce un fruto llamado tunas, el cual crece en una variedad de colores dependiendo en su ambiente. Su dulzura también depende del suelo pero son utilizados como aperitivos o postre y no ser consumido en largas cantidades, ya que están llenos de semillas que pueden causar estreñimiento. Las secciones verdes, nopalitos, tienen que ser limpiados de las espinas, luego cortados en rebanadas, y hervirlos solo lo suficiente para que estén tiernos. Este jugo usualmente se escurre y las porciones cocidas se guisan con otros alimentos como huevos. El jugo del cactus puede utilizarse crudo para curar heridas o como aditivo para jabón o perfumes. El líquido dentro de la rama del cactus tiene propiedades parecidas a la insulina y mucha gente que sufre de diabetes tipo-uno lo utiliza para bajar los niveles de la glucosa.

Chilli (chile)

Una vaina de chile tiene cinco veces el contenido de vitamina C de una naranja. Su sabor picante y composición química no solamente fortalece el sistema inmunológico del cuerpo pero también ayuda a la circulación de la sangre y mejora la digestión. Hay más de cuarenta variedades de chile, y viene en muchos colores, incluyendo naranja y negro. El chile puede ser comido crudo, cocinado, relleno o seco para crear polvo o salsas.

Huactli (amaranto)

El consumo de amaranto fue de hecho prohibido por los españoles. Las hojas son más nutritivas que las espinacas. Sus semillas son igualmente valoradas por su nutrición. Estas semillas también son asociadas con el Sol de Invierno; originalmente eran usadas para formar un muñeco el cual representaba "el sol bebé" nacido en el Invierno. Porque era utilizado de esta manera, los españoles prohibieron la planta junto con el ritual al Sol. Ellos consideraron estos rituales nativos paganos y contra la fe Católica. A lo largo de la frontera en los estados de Texas, Nuevo México, y Arizona, crece una planta que es parte de la familia del amaranto llamada quelite. Considerada como inservible, muchos agricultores la ven como mala hierba, pero muchas familias la utilizan como una fuente de alimentación saludable. Mientras que el amaranto tiene un color rojizo, este primo es mayormente verde con rayas rojas bajo las hojas.

La dieta mesoamericana incluye una amplia variedad de alimentos, pero fue organizada alrededor de los siete guerreros por dos razones. La combinación de estos alimentos puede sostener al ser humano con una excelente nutrición. Alguien podría consumir solamente estos alimentos por el resto de sus vidas y lo único que necesitaría es agua. En adición a lo que algunos han llamado "súper alimentos" como la chía, papaya, aguacate, y tomate junto con mariscos y carne de venado o búfalo complementaría una ya de por sí excelente dieta. La otra razón de la efectividad de los Siete Guerreros es que su integración crea el balance apropiado de aproximadamente el treinta por ciento de acidez de la sangre y un setenta por ciento de alcalinidad.

Nuestros ancestros pedían permiso de una planta cuando le iban a cortar cualquier parte y suplicaban perdón de un animal que mataban para comer. Creemos que es bueno incluir algún tipo de ritual o bendición para mostrar gratitud a las plantas y animales que comemos hoy. Una comida es una oración, meditación, y una reunión social. Es un tiempo para compartir con nosotros mismos y con otros el poder de las vibraciones de la Tierra que se encuentran tejidos entre la composición de las frutas, vegetales, carnes y líquidos. Como lo mencionamos antes, nada es mejor para motivar cualquier intercambio que es el poder especial del Universo colocado en el centro de nuestro corazón: Amor.

CAPITULO SEIS: Viaje A Través del Útero

"Lo peor que te puede suceder ya te sucedió: naciste."

Nuestro origen no son nuestros padres. Para parafrasear a Khalil Gibran en *El Profeta*, venimos a través de ellos, no de ellos. Nuestro comienzo está en el infinito. La totalidad de la Creación (*Teotl*) comienza ahí. Cómo es esto posible es una pregunta no contestada llamada "El Gran Misterio". La verdad de este principio de la Creación puede ser encontrada dentro de nosotros mismos y nos da la facultad de ejercer nuestro papel y responsabilidad en procreación. La concepción ocurre en el reino del Infinito. Mientras que una pareja puede escoger el acto de la intimidad, es el Gran Misterio que decide si su Amor será el comienzo de otra Vida. Este principio nos ayuda a fomentar una actitud acerca del misterio y lo sagrado de la Vida.

Nuestro viaje a través del útero también tiene nueve estaciones marcado por cinco eventos especiales y los cuatro espacios de tiempo entre ellos. Sabiendo cuando estos eventos especiales ocurren y participando en ellos es importante para la nutrición de un niño feliz, y saludable. Esta participación también crea las condiciones para activar una vida útil de 104 años. Una vida que se está desarrollando en el útero es capaz de recibir estímulos más allá de la nutrición que provee su madre. La misma ciencia de la biología que ha decodificado el genoma humano nos dice que cada célula tiene la capacidad de recibir y guardar información vía los estímulos de sus membranas. Esta receptividad puede tener consecuencias físicas y emocionales. Nuestro diseño universal es libre de enfermedades y traumas psicológicos. Sin embargo, al no conocer la importancia de los tiempos especiales en el útero puede tener consecuencias perjudiciales durante y después del embarazo. También perdemos la oportunidad de corregir problemas genéticos antes que se manifiesten.

Uno, Anidación: 1 x 13 = 13 días

Después de la concepción, la nueva vida humana se une al útero. Esto inicia el proceso de la anidación: la construcción de la placenta, el cordón umbilical, y el saco amniótico el cual será la vivienda en el que el niño se irá formando. Cuando ésta unión ocurre es cuando la mujer queda embarazada. La mayoría de las concepciones, por razones desconocidas no completan este paso. La vasta mayoría de uniones entre esperma y huevo nunca logran la concepción. Sabiendo esto nos ayuda a aceptar el papel del Gran Misterio. La decisión de procrear vida está conectada a un poder más allá de nosotros mismos.

A través de los siglos en el cielo temprano en la mañana varias horas antes del amanecer, aparece un alineamiento intermitente que los antiguos reconocieron como la metáfora del inicio de la concepción en el útero. Esta alineación celestial, conocida como *Tlecuautlacuepa* (el regreso del Águila de Fuego), no tiene un ciclo fijo, por lo que es muy difícil de predecir su aparición. Algunos de los que hemos tenido la suerte de presenciarlo hemos derramado lágrimas en ese momento. La fotografía que incluimos no le hace justicia suficiente a como se ve o se experimenta (fig. 7). Venus aparece justo al lado de la Luna creciente. El polvo de estrellas cayendo en ese momento de la mañana crea un velo entre el Lucero de la Mañana y la Luna, un velo blanco que dibuja el contorno de una mujer. John Tarness, un Hombre de Medicina Shoshone de Wyoming quien nos mostró ese fenómeno, nos explicó que la Luna creciente es el útero; la mujer es nuestra Madre Universal a través de la cual toda forma de vida entra en nuestro plano de existencia; y la Estrella de la Mañana es el toque del Infinito, el Gran Misterio, el único poder que puede hacer la Vida posible.

Fig. 7 Luna Creciente y Venus

El polvo de estrellas cayendo
en la Luna creciente

En el modo de los antiguos, las mujeres honran y celebran la anidación trece días después de la unión. Cuando la futura mamá mantiene su ritmo con la Luna y aprende a sentir los ciclos internos de su cuerpo (como lo presentamos en el Capítulo Tres: Meditaciones del Cielo), ella sabe inmediatamente cuando la unión sucede y queda embarazada. Para nosotros en estos tiempos, tomara práctica para reaprender como reconectar con la Luna y otras fuerzas creativas de la Madre Naturaleza. Esperando trece días probablemente le dan a ella el sentido de seguridad del embarazo y le provee una manera de calcular la llegada de los restantes eventos especiales.

Sugerimos a manera de honrar la anidación construir un pequeño nido o canasto. Luego la pareja, familia, y aun miembros de la comunidad se reúnen y celebran esta construcción. Todo mundo lo sostiene y pone dentro sus buenos pensamientos dentro del nido. La experiencia de la futura madre durante esta celebración será transmitida con efectos positivos a las células del inicio de una vida humana.

Dos, Corazón: 4 x 13 = 52 días

Después de la anidación, una de las mayores tareas del proceso de la gestación es el corazón y sus vasos. Este proceso apunta a los 52 días. Nuestros antiguos describen este momento como el tiempo cuando la *teyolia* o el espíritu del corazón, surge en el centro de este órgano dándole literalmente una vida propia. Recuerden que aquí es donde "el secreto de la vida" fue escondido a sugerencia del Venado. El día 52 del embarazo puede ser celebrado con un evento que reconozca la habilidad de este futuro ser humano de experimentar y dar amor. Sugerimos una reunión que termine cuando la madre o el padre coloquen una pequeña y colorida pluma simbolizando el espíritu del corazón dentro de la canasta previamente construida. Conforme la canasta va pasando alrededor, cada quien de los asistentes puede depositar un pensamiento o un símbolo de amor dentro de la canasta.

Tres, Cerebro: 13 x 13 = 169 días

Del corazón viene un periodo de formación del cerebro y del sistema nervioso. Este evento viene en un momento importante alrededor de 169 días en los cuales una porción significante del cerebro y sus conexiones serán creadas dentro de un periodo relativamente corto de tiempo de siete días: clave a este desarrollo son los dos ojos, el ojo de la razón cuya información irá dentro de la parte izquierda del cerebro y el ojo del conocimiento cuya información irá dentro de la parte derecha del cerebro. Esta percepción separada del ambiente en su montaje (compuesto) dentro de nuestros cerebros es el proceso dominante que alimenta nuestro pensamiento por el resto de nuestras vidas. El propósito de entender esto no es para escoger ser un individuo que domina el lado derecho o izquierdo del cerebro sino para integrar nuestra razón (lógica, cuantificación, secuenciación) con nuestro conocimiento (intuición, sentido artístico, sabiduría).

Para celebrar esta ocasión y ayudar a nuestra futura hija o hijo a lograr esta integración, sugerimos que aquellos asistentes participen en un juego de simetría con la futura madre. Tracen un círculo grande en una hoja de papel de 11" por 17" con una línea hacia el medio. Mientras la futura madre dibuja una figura en un lado, poner a otra persona que trate de hacer el mismo dibujo en la parte opuesta de la mitad del círculo separado (fig. 8). La futura madre puede tener una figura en mente preparada o solo dejar que fluya con el juego. Tengan diversión y tal vez pedir a todos que coloreen o pinten toda la figura producida.

Otras actividades a considerar son colorear o pintar un dibujo de una *mandala*. Los diseños tibetanos son especialmente detallados e intrigantes. También pueden simplemente trazar con sus manos cruzadas en los pulgares formando un pájaro de dos cabezas, las manos que simbolizan Venus y la Estrella de la Mañana y del Atardecer discutidas en el Capítulo uno bajo "ocho son los pájaros". Después de formar la figura, pintar en cada mano un color diferente. Estas actividades enfatizan una combinación de la percepción con la simetría. Utilicen su imaginación. Recuerden que aprendiendo cómo pensar es una de las siete actividades para vivir 104 años.

Fig. 8 Ejercicio de Simetría

Un ejemplo del ejercicio de simetría
Para el día 169vo de embarazo

Cuatro, Alma: 20 x 13 = 260 días

Un evento trascendental ocurre en el útero a los 260 días: el desarrollo y el surgimiento de lo que llamaremos más tarde el inicio de nuestra alma. Abrazado dentro de la fontanela, la apertura en la corona de nuestra cabeza, aparecerá una pequeña radiante esfera que los antiguos llamaron *tonalli* lo que significa literalmente "vibración solar". Como lo explicamos en el Capítulo Dos, esta es una de las cuatro fuerzas animadoras de nuestro cuerpo. Las otras tres son la *teyolia,* el espíritu al centro de nuestro corazón; el *ihiyotl,* el cual dirige nuestras pasiones que se almacenan en nuestro hígado; y el *atlachinolli,* la fuerza de vida que fluye hacia afuera de nuestra vejiga. Por los siguientes trece días, estas fuerzas de animación comenzarán a trabajar juntas.

El *tonalli* contribuye a nuestra habilidad de movernos y nos provee una conexión directa entre nosotros y el Sol. Este es nuestro ser solar y conciencia, o lo que los antiguos definieron como el alma. Se dice que a nuestra muerte nuestro cuerpo regresa a la Tierra, nuestro espíritu a la Creación, y nuestra alma hacia el Sol.

Una actividad apropiada para celebrar el recibimiento de nuestra vibración solar a los 260 días podría ser el experimentar la salida del sol desde un lugar geográfico donde el horizonte pueda ser observado claramente. Observen el surgimiento lento del Sol y de cómo va eliminando gradualmente las estrellas de la vista y regresa el paisaje completo y colorido. Esto puede ser una salida familiar la cual puede incluir miembros de la comunidad. En la medida que el Sol sube, la futura madre puede descubrir su vientre hacia la luz del sol y frotar a su bebé con la energía solar de la primera luz del 260vo día.

Cinco, Cuerpo: (20 x 13) + 13 = 273 días

A los 260 días, un cuerpo humano está completo físicamente dentro del útero. No nacemos en ese tiempo porque nuestras fuerzas animadoras necesitan trece días para conectar y comenzar un proceso de integración. Una vez que las cuatro fuerzas han cimentado sus conexiones iniciales, perdemos la habilidad de respirar dentro del saco del líquido amniótico y dejamos de ser un "pez". Ahora el agua se rompe. Esta última fase completa las Nueve Estaciones en el Útero (fig. 9). Este momento sagrado es considerado muy personal y privado. Los antiguos creían que solamente las mujeres estaban aptas para atender y asistir a la mujer embarazada para traer al niño(a). Tanto como podamos respetar la Tradición, creemos que este podría ser un momento muy especial para la madre y el padre.

Nuestra única sugerencia dentro del contexto de este manual relacionado directamente al nacimiento del niño(a) es para los padres el haber tomado una decisión sobre dos partes importantes del proceso que se le está dando a esta vida: el cordón umbilical y la placenta. Es importante que no se tiren sino que permanezcan con los padres como una ofrenda a la Madre

Tierra en cualquier modo que ellos consideren más apropiado. La placenta se puede disecar y conservar en polvo. Este órgano fue la tercera madre del niño(a) aparte de su madre humana y de la Madre Tierra. El cordón umbilical fue la línea de vida del bebe a través del cual se le brindó nutrición, emoción, y mucho del Amor que la madre le brindó. Tradicionalmente, el cordón umbilical es enterrado en un lugar que permanecerá como el centro de la Tierra del niño(a), su lugar de origen. Muchos todavía entierran el cordón umbilical en un lugar especial.

Fig. 9 Nueve Estaciones en el Útero

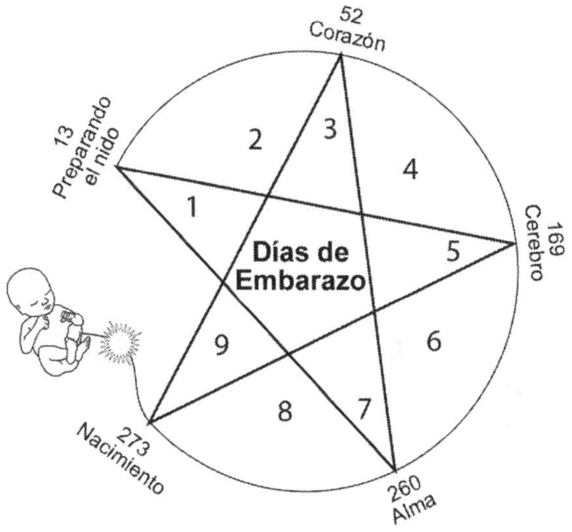

El pentagrama es una forma útil porque tiene la forma del cuerpo humano: cuatro extremidades y la cabeza

CAPITULO SIETE: Sigamos la Cuenta de Nuestras Estaciones

*"Para todo hay una estación, y un tiempo para todo propósito
bajo el cielo"
Libro de Eclesiastés*

Nacemos completos. Nuestro auténtico Yo sabe que estamos equipados para vivir una larga vida con el propósito del Amor de la Madre Creación. El concepto de que "la humanidad es perfectible" asume que llegamos deficientes. Nuestros defectos de personalidad y del cuerpo son auto-creados, tampoco son impuestos por el Universo. Cuando retornamos a nuestro auténtico Yo, podemos emplear nuestras habilidades innatas y permitir que el Amor de la Madre Creación haga su trabajo. Este manual está destinado para ser utilizado de esta manera. En esta Jornada, cada uno de nosotros toma responsabilidad de nosotros mismos asumiendo las tareas que mantienen nuestra autenticidad y también siendo responsables en apoyar a otros.

Cada siete años nuestro cuerpo completa una renovación. Es como si tomáramos un cuerpo nuevo cada siete años. Cada trece años completamos aún una mayor transformación. Los antiguos nos dicen que nacemos con la capacidad de renovar nuestro cuerpo trece veces y someternos a mayores transformaciones siete veces (7 x 13 = 91). Por lo tanto, tenemos la habilidad de renovar nuestros cuerpos todo el tiempo hasta la edad de 91. Después de eso, todavía podemos vivir por lo menos otros 13 años más. De cómo mantenemos esta capacidad es parte de lo que se trata este manual.

En el Capítulo Uno, explicamos en la *cuenta* "Nueve Son las Estaciones" que nuestras vidas pueden ser divididas en dos partes. Los primeros 52 años son nuestros años de recibir y los últimos 52 años son nuestros años de dar. Cada una de las facetas tiene cuatro estaciones dándonos ocho estaciones. Contando el tiempo en el útero es otra estación que nos da un total de nueve estaciones de vida, En cada una, nos sometemos a retos críticos de desarrollo. El saber cuándo y qué es lo que sucede durante cada estación nos da la habilidad de participar en el nutrir una larga vida de 104 años.

Nueve Estaciones en la Vida Humana

- Útero
- Cero a 13 años: Niñez
- 13 – 26 Adolescencia a madurez
- 26 – 39 años
- 39 – 52 años
- 52 – 65 años
- 65 – 78 años
- 78 – 91 años: te conviertes en anciano
- 91 – 104 años: aprendemos nuestra canción para morir

Estación Uno: De Cero a 273 días

Hemos explicado ya que nuestra primera estación es dentro del útero, un tiempo consistente en cinco eventos especiales y los cuatro espacios entre cada uno de ellos. Por supuesto, todo lo que sucede dentro del útero es especial. Por favor entendamos que éste es solamente un modelo que intenta guiar nuestra participación con la procreación. Revisando lo que sucede dentro del útero, estamos incluyendo los otros eventos "especiales" entre los cinco. Estos ocurren a lo largo de un período de tiempo en vez de un número específico de días.

- A los trece días del embarazo, el embrión está totalmente adherido y creando su nido.
- Durante los primeros 52 días, el embrión escoge cuál sexo es el que será.
- A los 52 días la *teyolia* entra al centro del corazón que ahora se encuentra totalmente funcionando.

- Después de 52 días la *teyolia* toma el papel de expandir el corazón en un sistema nervioso y un cerebro. El *corazón* crea al cerebro. Por lo tanto, es el corazón el que está destinado a guiar nuestras acciones.
- A los 169 días, el cuerpo forma la mayor parte del cerebro durante un periodo acelerado de siete días.
- El corazón, el cerebro, y el sistema nervioso conducen un flujo electromagnético a través del cuerpo. De este electromagnetismo, el *tonalli* y el *atlachinolli* y sus meridianos serán formados.
- A los 260 dias, el *tonalli* aparece en nuestra fontanela.
- El *tonalli* , *la teyola, el atlachinolli, y el ihiyotl* comienzan a conectarse y a trabajar uno con el otro.
- A los 273 días, el niño(a) nace. Recuerden que exactamente después del nacimiento es una excelente oportunidad de ayudar que el niño(a) mantengan su habilidad de nadar. Esto ayudará en la transición para caminar.

Estación Dos: Los Primeros Trece Años

Durante este tiempo, nos sometemos a importantes cambios. En los primeros dos años, el *Tonalli* se sumerge totalmente en el cráneo y la fontanela se cerrará completamente. La primera manifestación física de que el *tonalli* se ha unido a nuestro cuerpo será el crecimiento de los primeros dientes. La segunda manifestación será nuestra habilidad para hablar. En este periodo de la primera estación, se recomienda de mantener al niño(a) cerca y físicamente presionado a los padres, tocándolo y acariciándolo seguido y haciéndole sentir bienvenido en cada forma posible. Un reforzamiento positivo cimenta una buena personalidad. En este momento el tercer ojo del niño(a) está completamente abierto y estará listo para ver el aura de aquellos que lo rodean y visualmente experimentar su estado mental interno. Si alguien llega enojado, el niño(a) verá el color de flamas rojas alrededor de ellos y flamas saliendo por sus ojos. Entre las edades de dos y cuatro, un niño(a) experimenta ser independiente de sus padres. En este momento, el *tonalli* y *atlachinolli* comienzan el proceso de crear más movimientos versátiles del cuerpo humano. Es un buen momento para involucrar al niño(a) en juegos que implican mucho movimiento, especialmente bailar. Necesitamos ayudar en su observación y práctica de flexibilidad y movimiento.

Para la edad de cuatro a siete es el período apropiado para juguetonamente dar instrucción. Este es el momento que los adultos describen que los niños(as) son como "esponjas" cuando de aprender se trata. Esta es la oportunidad primordial para que aprendan más de un idioma. Exploración y experimentación, especialmente con el arte, es la llave para el aprendizaje. El descubrir se convierte en uno de sus grandes estímulos. A pesar de que nuestro actual sistema educacional rechaza esta noción, ahora no es el tiempo para instrucción formal por escrito o leído más que lo que ellos puedan hacer en base a su propio interés y curiosidad. Leerles y moldearles la escritura no es problema, pero forzarlos a hacerlos interrumpe la integración de las tres fuerzas animadoras y distorsiona la personalidad que el amor de la Madre Creación tiene para nosotros. Aprender matemáticas es apropiado para esta etapa. Ya que las matemáticas son un lenguaje natural, los niños son aptos para aprender conceptos simples de matemáticas (como la suma y la resta) así como más complejos conceptos de matemáticas tales como la geometría. Los niños que atienden a escuelas que imparten la Educación de Waldorf no tienen problemas con instrucciones tempranas de matemáticas mientras que a la vez tardan la instrucción formal de la lectoescritura hasta la edad de diez.

Desde la edad de siete hasta la adolescencia es el tiempo para crear arte más formalmente y construir modelos en los cuales ellos apliquen lo que han aprendido. La geometría aprendida a temprana edad ahora puede ser aplicada más concretamente al diseño y la formación de estructuras arquitectónicas. Este es el tiempo de comenzar a identificar emociones y diálogos abiertos reflejando sobre su obra de arte, proyectos de ciencia, la vida en el hogar, y algunas ideas sobre opciones para una carrera. Respetando y trabajando con las estaciones naturales de la vida, el niño(a) se convertirá en un excelente lector y escritor antes de la edad de los once. El niño(a) también desarrollará una buena fundación para confrontar lo que será un buen intento de la estación de la adolescencia.

Estación Tres: Adolescencia

Alrededor de la edad de los trece, las fuerzas animadoras entrarán al hígado y traerán la fuerza que genera nuestras pasiones. Albergando ahí todas nuestras emociones relacionadas a nuestras luchas o respuestas impulsadas por el instinto. Tareas enfocadas y su terminación reforzar nuestra confianza. Si es algún tiempo en el cual necesitamos amor, es durante la adolescencia. Los antiguos consideraban el deseo sexual producido durante esta estación demasiado poderosa y usualmente se requería a los adolescentes de ser el tiempo para casarse. La filtración del deseo sexual y las inseguridades psicológicas abren un espacio de un tiempo de neurosis "natural" que comienza a asentarse alrededor de la edad de los 21 (durante la tercera renovación de nuestro cuerpo físico). Para la edad de los 26, no solamente hemos terminado de construir nuestra alma, y la personalidad que emplearemos el resto de nuestras vidas, sino que también habremos creado nuestra primera familia y ahora estamos enfocados en nuestros hijos.

Estación Cuatro: Edad del 26 al 39

Entre las edades de los 26 y los 39 años, nos encontramos en nuestra cuarta estación, tiempo durante el cual ayudamos a nuestros hijos a entrar en su propia adultez. Este es un tiempo excelente para cambiar hábitos o incorporar nuevos rasgos. Los antiguos nos recuerdan que el *Quetzalcóatl,* quien fundó la Civilización Tolteca, comenzó esta asombrosa tarea a la edad de los 26 después de haber vivido en el monasterio Mesoamericano de *Xochicalco* localizado en Morelos, México.

Estación Cinco: Edad del 39 al 52

A la edad de 39, entramos en la etapa final de nuestro *Tezcatlipoca* o la media vida de "recibimiento". Es el tiempo para hacer un inventario de qué tanto hemos acumulado y qué nos está faltando. Nuestra meta aquí es que al llegar a los 52 estemos listos para convertirnos en servidores de la comunidad y dejemos ir nuestros años de "recibimiento" o *Tezcatlipoca y abracemos nuestros años Quetzalcóatl* o de "dar".

Estación Seis: Edad del 52 al 65

A la edad de los 52, nuestra orientación de la vida comienza a cambiar enfocada más hacia un servicio a la comunidad. Nos estamos preparando para convertirnos en ancianos, un tiempo en el cual tendremos credibilidad y se nos confiará para dar consejos cruciales. Comenzamos a desprendernos más de nuestra familia y arraigamos nuestras raíces en una comunidad más amplia. Si somos varones, nuestro lado femenino se comienza a fortalecer y viceversa con las mujeres.

Estación Siete: Edad del 65 al 78

A la edad de los 65, comenzamos nuestra preparación para mayores responsabilidades de toda—autoridad de un anciano. Pensamos en la autoridad en las comunidades indígenas como el jefe, pero, como fue mejor dicho en la película hecha en la selva de Brasil, *El Bosque de la Esmeralda:* "Cuando un jefe le dice a otros qué hacer, él deja de ser jefe".

Estación Ocho: Edad del 78 al 91

A la edad de los 78, entramos a nuestra estación ocho,

ahora como ancianos. Aquí damos nuestro servicio a través de la posición de autoridad. En las comunidades tradicionales, el consejo de ancianos tiene el poder del veto sobre todas las decisiones.   Los antiguos decían que para esta estación ya debemos tener maestría en los colores rojo y negro. La imagen de rojo y negro, lado a lado, es una metáfora de sabiduría. Negro es el color de la ilusión y rojo el color de la verdad. Una persona sabia puede hablar a través de un sendero rojo teniendo trazado el sendero negro a su lado.

Estación Nueve: Edad del 91 al 104

A la edad de los 91, todavía estamos ancianos pero ya comenzamos a buscar o practicar nuestra canción de la muerte. Se dice que aquellos que siguen el Modo Natural pueden decidir el tiempo de su muerte. Para ellos, es como irse a dormir y nunca despertar. Pablo Choc Bac, un joven Maya de Guatemala, nos describió tal evento:

"Mi tío era un sacerdote Maya que servía a nuestra comunidad. Ya estaba viejo, pasados los noventa. Un día él dijo, "Ya es tiempo de dar la despedida". Se preparó él solo para ceremonia como por una semana. Todos atendimos a la ceremonia. Esa tarde, él se fue a dormir y murió en paz durante la noche."

Agrupando los Días

Para estar en ritmo con sus estaciones, la edad no importa. Determinen en que estación se encuentran y valoren qué tanto esa realidad es verdad para ustedes. No vamos a vivir nuestras estaciones de vida por estación solamente por hoy.

Calculen cuántos días están cerca de su cumpleaños. Viviendo el *Tonalpohualli*, la cuenta solar del Calendario Azteca, está hecho en grupos de trece. Su cumpleaños es el día cero. Después de su fecha de cumpleaños, mantengan un seguimiento de veinte grupos de treinta días. Cada trece días sométanse a una especie de limpieza, preferiblemente un ayuno. Después de haberse sometido a veinte limpias, habrán vivido a través de una cuenta solar de 260 días (relacionados a la órbita de la Tierra como lo discutimos en el Capítulo Tres y también el número de días que toma para recibir la espera brillante de su alma en su fontanela).

Por trece días después de un período de 260 días, asígnarse a si mismo una tarea que implique coordinación del cuerpo. Como cortar madera, pintar, aprender un nuevo baile, tomar un curso de rescate de emergencia, un curso de natación de dos semanas, artes marciales, o ballet. Lleve a cabo la tarea y celebre. Encontrará en los 273 días, la cantidad de tiempo en que le tomó a la Madre Creación completarlo(la) dentro del útero.

Comenzar el proceso de hacer una limpieza cada trece días; solamente que en este tiempo se someterá a siete limpiezas (7 x 13 = 91 días). Esto le pone en 364 días, un día antes de su cumpleaños. Recuerde que antes dentro del útero este fue su último día como pez. Haga de éste un tiempo de renovación de su relación con el agua. Encuentre un cuerpo natural de agua y pase una gran parte del día ahí. Si hay una tormenta y no está muy frio, vaya a una caminata bajo la lluvia y empápese. Haga una investigación y encuentre de cuál acuífero viene el agua que utiliza. Este sería un buen momento especialmente para hacer contemplación en el agua.

Encuentre la manera de estar agradecido con la Madre Tierra por su líquido precioso. Reencontrarse conscientemente en sí mismo(a) con esta fuente de vida es una forma de preparación para volver a nacer. Después de haber celebrado su día de nacimiento, comience los ciclos de trece días de nuevo, integrando la otra información proveída en este manual. Habremos hecho todo para tener un buen nacimiento, una buena vida, y una buena muerte.

CAPITULO OCHO: Los Nueve Retos para una Buena Muerte

*"¿Puede ser esto verdad? Vivimos aquí siempre
por solo un breve momento".*

Netzahualcóyotl, 1470

Permanecemos vivos porque nuestras células continuamente están muriendo y haciendo espacio para nuevas células. La vida es sostenida por la muerte es un proceso muy bien conocido por los antiguos, quienes entendieron que la práctica de una buena muerte es una parte importante de tener una buena vida. Ellos pensaban que la vida era un sueño y la muerte un despertar. Venimos del infinito y debemos retornar a nuestro origen. Todo mundo nace con este destino. Como llegamos ahí es parte del aprendizaje, el cómo crear para nosotros mismos una vida plena y luego entrar en la "decima estación" en una aceptación jubilosa del infinito. No tengamos miedo a la muerte, en vez hay que amar la vida con todas sus transiciones entendiendo que somos eternos pero no permanentes.

Resistiendo a los cambios naturales de la vida puede crear miedo y sufrimiento. Sabemos que nuestro espíritu es la fuerza del Gran Misterio y el que nos inicia en nuestra presente vida. Por encima de la muerte, ese espíritu llevará la memoria de todas nuestras experiencias vividas en la Tierra. Nuestra personalidad no es nuestro espíritu sino que una clase de programa de computadora en nuestro cerebro para crear un Yo temporal para administrar la mecánica de nuestro cuerpo. Esta cesará cuando muramos. En la medida que esa programación comienza a ser desmantelada, nuestros miedos surgen y hacen que nuestro cerebro cree falsas esperanzas o desilusiones horríficas. Esto solamente prolonga el sufrimiento de tener que rendirse al hecho de que no estamos hechos para durar por siempre. El cielo y el infierno no existen fuera de nuestra propia imaginación.

La muerte no es un evento singular sino un proceso triple.

El primero es cuando nuestro cuerpo se apaga (algunas veces por algún trauma físico). Este apagamiento es algo así como hibernación que puede durar por varias horas. El alma, que está compuesta de fuerzas electromagnéticas la que nos da animación, se desprende mientras el cuerpo está en hibernación. Esta es la segunda parte del proceso de morir. En la tercer y última parte, el espíritu, también el que origina la chispa de la vida, se va dejando al cuerpo endurecerse y descomponerse.

Antes de la partida del espíritu, es todavía posible resucitar a alguien a la vida o regresarlo espontáneamente después que haya sido pronunciado muerto medicamente. Es durante nuestra hibernación que el cerebro puede utilizar su poder de pensamiento para crear ilusiones de placer celestial o dolor infernal. Esto es lo que conocemos como la experiencia más cercana a la muerte. Un cuerpo puede ser restaurado y el alma recuperada. Sin embargo, una vez que nuestro espíritu se rinde, la muerte es inevitable a menos que el Gran Misterio intervenga.

El trauma físico no es necesariamente para entrar en el proceso de muerte. En el capítulo anterior, dimos el ejemplo de un sacerdote Maya quien, después de haber entrado a su novena estación en la vida, creó su propia ceremonia de muerte, invitando a su comunidad, para después morir en paz durante la noche. Nuestro retorno al infinito supone ser una experiencia gloriosa transformativa si estamos preparados y no permitimos que nuestro Yo temporal se interponga en el camino. Para ayudar a prepararnos, los antiguos crearon una meditación en forma de una historia que presenta nueve retos. Una vez que haya leído y familiarizado con la jornada de los nueve niveles, practique y visualice la jornada. Practicando esta meditación puede ayudar a rendirnos al proceso de morir.

Hay similitudes entre los nueve retos de morir y las nueve etapas en el útero. El primer reto es cruzar un río ancho ayudado por su alma. En las dos últimas etapas del nacimiento, usted recibe un alma y luego el agua donde ha vivido por 273 días se sale no dejándole otra alternativa que salir. En la muerte, el segundo reto es cruzar dos montañas aplastándose una a la otra. En el nacimiento, tienes que cruzar el canal de nacimiento el cual también tiene que apretar su cuerpo mientras pasa por ahí. Así como recibe gradualmente la carne, los huesos, el corazón en el útero, ellos son removidos en cada uno de los retos en la muerte.

Primer Reto: *Apanohuayo* (Cruzando el Ancho Río)

Abra sus ojos. A través de su vida su corazón le enseñó a utilizar los cuatro poderes (Coraje, Resistencia, Paciencia, y Amor) para prepararle para este momento. Usted está listo(a). Vea frente a usted el ancho río que cruzará. Es tan ancho que no puede ver el otro lado. La corriente es fuerte y peleará contra usted, pero usted será capaz de nadar todo lo ancho. No se preocupe. Mire abajo a su lado. ¿Ve al perro con una cuerda de algodón alrededor de su cuello? Él es *Xolotl,* quien guarda y protege su alma. Él le guiará para cruzar el río. Acarícielo como hizo alguna vez con su perro. Déjelo que le lama y se repegue hacia usted. Él sabe quién es usted, pero debe de asegurarse a él. Agárrese y sostengase de su cuerda de algodón alrededor de él, calmadamente camine dentro del agua hasta que no sienta pisar fondo bajo de usted. Recuerde que antes de su nacimiento, usted ya sabia cómo nadar. Confíe en si mismo(a). Confíe en su perro. En la medida que van cruzando el río, se dará cuenta que *Xolotl* es su alma.

Segundo Reto: *Tepe-monamiktia* (Ser Prensado por Montañas)

En la medida que emerge del río, su perro ya no estará con usted y su ropa se habrá removido. Mírese a sí mismo(a). Lo que una vez cubrió, no es necesario cubrir más. ¿Hubo alguna vez la necesidad de sentir vergüenza por alguna parte de su cuerpo? Su alma ha retornado a un buen lugar. Note que ya no tiene calor o frío, solamente completo confort. Está consigo mismo(a) pero no se siente solo(a). Frente a usted hay dos montañas muy juntas una de la otra. Camine entre ellas y llega al otro lado. En la medida que camine, ellas chocarán continuamente entre sí.

Mientras lo hacen, usted también será prensado(a) pero se dará cuenta que no será lastimado(a). Habrá dolor únicamente si lo imagina y caminar será más difícil. Se puede caer, pero caminará hasta que llegue al otro lado. Recuerde, no hay más dolor.

Tercer Reto: *Itztepetl* (Montaña de Obsidiana)

Su cuerpo es ahora suave como algodón, sin embargo todavía puede estar de pie. No tiene dolor. Ahora mire la siguiente montaña a solo unos cuantos pasos adelante. Es negra y desde aquí puede ver el filo de las orillas que sobresalen de su superficie. Son cuchillas de obsidiana, navajas que usted tiene que evitar mientras escala y cruza, pero entienda que no podrá evitar a todas ellas que le corten. Camine a través de esta montaña cuidadosamente. Cada vez que sea cortado(a) por sus orillas, recuerde las palabras filosas con las que hirió alguna vez a alguien en su vida. No sentirá el dolor de las cortadas, pero su corazón sentirá lo doloroso de sus palabras. Derrame lágrimas mientras pueda llorar. Continúe hasta que pueda llegar al otro lado.

Cuarto Reto: *Zehuecayan* (Cruzando una Cima Llena de Nieve)

Note las cortaduras en todo su cuerpo. Cada una sangra en partes de su carne y cuelga como listones. Lo nota pero no dura; no hay dolor, no necesita entrar en pánico. Concéntrese mejor en las ocho cimas blancas en la distancia. Aquí es donde encontrará nueva fortaleza. Para el tiempo que llegue ahí, estará vacío de todo fluido. Mientras se acerca, experimentará un escozor frío entrar por sus heridas. No pare. Mientras cruza estas ocho cimas cubiertas de nieve, sentirá pronto cómo el frío le va dando una nueva vitalidad. En cada cima, el frío se agudizará y también su fuerza interna. Querrá correr y terminar con su reto. Mantengase en calma y siga caminando. Las cimas están lejos y le tomará un largo tiempo para alcanzar cada una de ellas, cruzar cada una, y habrá terminado con su reto.

Quinto Reto: *Itzehecayan* (Montaña de Viento de Obsidiana)

Mientras camina hacia la última cima cubierta de nieve, encontrará vientos soplando con la fuerza que no había sentido antes. Ellos arrancarán los jirones de carne de su cuerpo que le colgaban. Ello le desorientará y estará muy confundido(a) y querrá regresar. Así que siga caminando y no vuelva atrás. Para ahora ya podrá ver su esqueleto que comienza a aparecer mientras que su piel se va pelando. De nuevo, note que no hay dolor. Mirando sus huesos descubiertos será como reconocer su esqueleto por primera vez. Perder partes de su carne no disminuirá su fuerza. Yendo contra los vientos filosos se dará cuenta de un hecho curioso. Ya no está respirando. No necesita más el aire para mantener su fuerza y moverse hacia adelante.

Sexto Reto: *Temiminaloyan* (Lluvia de Flechas)

Una vez de haber sido liberado(a) de los vientos como navajas, ahora estará parado(a) como un esqueleto cubierto parcialmente con carne. Está cerca de que sea revelado su verdadero Yo. Para tomar un paso más cerca a esa realización, el resto de su carne se debe ir. Tan pronto como tome un paso hacia adelante, una lluvia de flechas descenderá en usted removiendo las últimas partes que cubren su esqueleto. Mientras que cada flecha se clava en usted, recuerde en cada soplo que ya no tiene dolor. Sin embargo, porque aun tiene la memoria del dolor, cada flecha le causará una vacilación y se querrá cubrir de ellas. Puede formar un escudo de la bondad de su corazón y temporalmente evitar que las flechas se claven en usted. Pero pronto el escudo desaparecerá y cuando las flechas paren de caer, estará listo(a) para su próximo reto.

Séptimo Reto: *Teocolehualoyan* (Donde los Jaguares Comen Corazones Humanos)

Examínese a sí mismo(a) cuidadosamente. Ya es un esqueleto. Cada pedazo de su carne ha sido removido; todos los vasos sanguíneos y fluidos se han ido; y ningún órgano permanece excepto uno–su corazón. Ya no late más. No hay más sangre para bombear pero en su corazón está la memoria de todos sus sentimientos, especialmente de aquellos que más ama. Repentinamente viene a usted un *ocelotl*, el jaguar. Mire su piel de manchas negras. Mientras ataca, usted querrá utilizar cada onza de su fuerza para protegerse. Pero, dese cuenta que el jaguar es un buen presagio. El irrumpirá en su pecho con sus mandíbulas de sable, para devorar su corazón, para luego retirarse rápidamente. Mire dentro del agujero dejado atrás. Es redondo y negro como el espejo de *Tezcatlipoca*. Ahí se puede ver usted mismo y entender quién es realmente. Un sentido de luminosidad permea ahora su ser, la obertura en medio de su pecho comienza a hacerse ancha, y una sensación de hundimiento le comienza a invadir.

Octavo Reto: *Apanuayo* (Lago de Aguas Negras)

La abierta a través de la cual el jaguar tomó su corazón se comienza a agrandar hasta tragarle completamente. Nada queda de usted excepto la conciencia de estar dentro de las aguas negras. Nada habrá para comparar el haber experimentado este completo silencio, una fluidez de total quietud. Esto se siente como la eternidad, pero no lo es. En la distancia oye un sonido, como si alguien le llamara. Mientras sigue la voz emerge fuera de las aguas y ve solamente un largo, y negro reptil. Nada más es visible. Todo alrededor del reptil no es luz ni oscuridad. Solo el animal es visible. No importa lo que usted vea, derecha, izquierda, arriba, abajo, atrás, o siquiera que recuerde haber tenido cuerpo, solo el largo reptil está presente, repitiendo la misma palabra: *Xochitonal* (Sol Floreciente). Con cada repetición, se acerca a saber quién es usted, quien fue siempre, y continuará siendo: un Sol Floreciente. No más palabras son necesarias. Todo lo que ha anhelado, a sabiendas o sin saberlo, toda su vida ha sido realizada y usted comprendido que ahora debe entregar el tesoro de su esencia al Gran Misterio. Gustoso, está listo para retornar lo que se le fue dado en el principio del tiempo.

Noveno Reto: *Mictlan* (Lugar donde Vive la Muerte)

El agua regresa ahora en forma de nueve ríos terminando en cascadas, cada una cayendo en la siguiente. A través de etas nueve cascadas usted vuela hasta que la última cascada le envía a *Mictlan* y *Mictlanchihuatl,* Padre y Madre Muerte. Ellos han estado esperando por usted. Al encontrarse con ellos, fuera de la memoria de su tiempo de vida viene un nuevo entendimiento. Ya ha entregado el tesoro de su esencia, el toque del Gran Misterio a ellos. Es el mismo tesoro entregado a sus padres Terrenales cuando fue concebido. Ahora usted está entregando a Padre y Madre Muerte la misma esencia que creó a usted. Con este regalo, aun los guardianes de la Muerte serán Creadores de Vida.

Sonriendo, ellos le dirán que sus ordalías han terminado. Ahora usted podrá finalmente dormir y soñar. Pero usted sabe que siempre habrá una nueva jornada. Mientras todo el *Mictlan* se pone todo iluminado por las estrellas del cielo de la noche para reconocer su presencia, usted se acurrucará en las manos de Madre y Padre Muerte, humildes sirvientes del Gran Misterio. Tal vez en la siguiente jornada usted recordará cómo Muerte y Vida se alimentan una a la otra y que la existencia es belleza interminable donde cada final es un comienzo.

Micailhuitl Xochimique:
Día de la Muerte o Floración de los Ancestros

En los primeros dos días en Noviembre a lo largo de México y el suroeste de los Estados Unidos, la gente pone altares para recordar a aquellos que se fueron antes que ellos. Colocan muestras de la comida favorita de los fallecidos u objetos que pertenecieron a ellos en sus altares. Muchos visitan las tumbas, las limpian, y dejan ofrendas. Día de Muertos, como es llamada la ocasión aunque toma dos días, es la integración de dos creencias de diferentes partes del mundo. En la Europa Céltica y el México antiguo, hubo un tiempo en el que a la gente se les daba la oportunidad a sus ancestros de regresar y estar con ellos. El 1ro de

Noviembre es cuando los espíritus de aquellos que murieron como niños regresan. El 2do de Noviembre, los espíritus adultos regresan. De ésta manera, los vivos reciben retroalimentación y guía de los muertos.

Nuestro espíritu fue parte del Universo antes de habitar nuestro cuerpo y continúa después de que completamos nuestra jornada a la muerte. Ese espíritu no es nuestra personalidad o nosotros cuando estuvimos vivos. Pero nuestro espíritu carga la memoria de nuestra experiencia humana. Es esa memoria en la cual los antiguos Celtas y Mexicanos hacen un espacio por una vez al año. Ellos creían que recordando a aquellos que se fueron al ultramundo, a *Mictlan*, hace la diferencia en alguien siendo espíritu mejor que fantasma. Nosotros regresamos, no como fuimos pero como siempre fuimos: Espíritu.

CAPITULO NUEVE: La Séptima Generación

*"Si razona y piensa sólidamente, no importa qué camino siga
en resolver el problema, inevitablemente llegará
de regreso a usted mismo".*

G.I. Gurdjieff

Imaginemos que el futuro es un ejercicio útil solo si puede ser un acto de fe. Pensar sobre el futuro es contra-productivo cuando nos mueve el miedo o intentamos ver solamente proyecciones de nuestro propio egoísmo soñando cosas que nunca se supone que seremos. Hace algunos cientos de miles de años, no les tomaba a los primeros seres humanos tanto en entender la complejidad milagrosa de la Creación y de la vulnerabilidad del deseo humano para alterarla.

Si no se controla, los seres humanos pueden dar rienda suelta al engaño de que de algún modo podemos mejorar lo que divinamente se nos ha dado; haciéndolo, dañamos la red de la vida para nuestro propio detrimento. Es para nuestro propio peligro porque la Creación siempre corregirá su curso y en el proceso, eliminará la fuente del problema. Este libro ofrece modos por los cuales nuestros ancestros trataron con ese engaño. Concluimos con una meditación que los ancestros utilizaron para cuidarse ellos mismos de negar el paraíso del Creador para las futuras generaciones. Es conocida como la Lección de la Séptima Generación.

Cuando mis hijos nacieron, no podía imaginarlos teniendo hijos. Pero algo sucedió cuando finalmente lo hicieron. Al fin pude imaginar a mis nietos teniendo hijos y eso cambio significativamente mi pensamiento. Hay un sentimiento de urgencia en mi vida que no tenía antes. Las ideas ya no son metas abstractas. Hubo la necesidad de que fueran más que sentimientos elevados. Mi preocupación por lo que nosotros los humanos estamos haciéndole a la Tierra tomo una realidad que fue alarmante.

Años antes, ya había pensado acerca de la Lección de la Séptima Generación, la cual nos enseña que cualquier acción que cambie la Madre Tierra debe ser sopesada contra lo que tanto afectemos a nuestra séptima generación. Esta enseñanza parece ser suficiente simple, pero después del nacimiento de mis nietos, me di cuenta que aplicarlo parecía un ejercicio intangible carecía de practicidad. Visualizando siete generaciones adelante no parecía honestamente posible.

El tiempo siempre ha sido tema para parte de la humanidad desde que comenzamos a cuantificar nuestra existencia. Nuestros cerebros tienen la necesidad y la maña de poner números a la moción de la Creación, incluso tales conceptos efímeros como el tiempo. Nuestros sabios nos habían dicho "que la medida del tiempo puede ser precisa y por largo tiempo, extendiéndose por miles de años, pero la medición del tiempo no tiene que ver con la esencia. El tiempo como sentido de medida no existe" (Ernesto Briones, *Tiempo Maya,* 1974)

Uno de nuestros calendarios indígenas, el *Tonal Machitl* o Piedra del Sol Azteca, ilustra una cara humana anclada al centro en cada lado por garras sosteniendo un corazón, presumiblemente humano. Este símbolo es llamado *Kauitl,* el cual se traduce aproximadamente como: "tiempo". Sin embargo, no es la medida del tiempo, sino más bien el concepto de estar anclado en el momento presente, en el cual el moderno místico, Eckhart Tolle, le ha llamado el Hoy Eterno. El movimiento a través del tiempo no es una transición del pasado al futuro. Sino que, es un movimiento que siempre está ocurriendo en el presente. El pasado y el futuro no existen excepto como parte de ese Hoy que nunca termina.

Esto puede sonar algo complejo o místico, aunque es necesario poder entenderlo en una forma simple para que la Lección de la Séptima Generación sea bien captada. Esta fue la parte que me había perdido cuando invocaba la lección y me encontraba a mí mismo pretendiendo solamente visualizar las futuras siete vidas adelante.

La idea de que la medida del tiempo no es real no es ya un argumento filosófico. La Física Cuántica ha confirmado estas revelaciones en sus experimentos. Stephen Hawking, en "Una Breve Historia del Tiempo", introduce la idea al público en general. Pero, yo no soy un físico, y mi entendimiento de este concepto viene de la pedagogía de la ceremonia, tal vez la actividad más útil dejada por nuestros ancestros.

Fui muy afortunado que un amigo cercano, Peter García, haya utilizado un espacio ceremonial para explicarme esta enseñanza ancestral. Por la primera vez, se convirtió en un conocimiento práctico. Peter es descendiente de padre Mexicano y madre Hopi. Él es más joven que yo pero a menudo tiene una perspectiva más profunda sobre la cultura indígena que yo. Él vino a ser la fuente natural para aconsejarme sobre mi preocupación renovada sobre la Tierra que le estaba dejando a mi séptima generación.

"Tú tienes una visión irrealista de estas enseñanzas", me dijo Peter al oír mi explicación sobre esta meditación antigua. "Es extremadamente difícil para cualquier ser humano de concebir siete generaciones en el futuro. Eso es mala interpretación".

Él me guio a un nuevo entendimiento; uno que si tiene sentido porque me dio la habilidad de entender lo que la lección ordena: sopesar mis acciones contra el interés de siete generaciones.

Nuestra interacción en este asunto ocurrió mientras construíamos un altar para una ceremonia que él conduciría esa tarde. Peter tiene, entre otros cargos espirituales, una chimenea de la Iglesia Nativa Americana. Él es un *Road Man*, más exactamente un sacerdote del peyote, responsable por conducir ceremonias toda la noche en las cuales el cactus sagrado (peyote) es utilizado como un sacramento. El uso Ceremonial y medicinal de esta planta ha sido documentado en este continente más atrás que diez mil años.

El altar consiste en un montículo creciente de arena apuntando al Este, marcando un área donde el fuego se mantiene durante la noche y donde el guardián ceremonial del fuego extiende los carbones rojos para eventualmente formar una imagen—usualmente un águila. En medio del montículo se coloca al "jefe" o el botón de un peyote disecado, el cual personifica el Espíritu de la Medicina y se dice que es quien de hecho conduce la ceremonia a través del *Road Man*.

Una vez terminado el montículo Peter tomó la oportunidad para usarlo e ilustrar el significado de la séptima generación. Agarró una piedra del tamaño del puño de la mano y la acomodó en el lugar con el jefe peyote. "Este eres tú. Excepto que la piedra es mucho menos fea," dijo bromeando.

Entonces Peter tomó su bastón y trazó una línea desde el montículo justo debajo de la piedra hacia el lado izquierdo del montículo creciente y también una hacia el lado derecho. Luego hizo una línea central terminando en el punto donde el fuego iluminaba y se mantenía.

"la línea izquierda representa a tus tatarabuelos," me dijo. "La línea derecha representa los nietos de tus hijos. La línea central sigues siendo tú. ¿Me sigues?"

Entre la línea izquierda y la línea central, Peter dibujó dos líneas espaciadas igualmente con su bastón. Hizo lo mismo entre la línea central y la de la derecha. Se veía que obviamente había practicado dibujando líneas en la tierra por cómo se vieron como si hubiera usado una regla para trazarlas. "Ya sé que puedes contar, pero ¿cuantas líneas tenemos ahora? Preguntó.

Había siete líneas saliendo desde donde el jefe peyote se encontraba puesto. Aún antes de que Peter continuara con su explicación, el significado práctico de la lección de la séptima generación comenzó a estar clara para mí. Tan pronto como dijo que una línea representaba a mis tatarabuelos y la otra a los nietos de mis hijos, un modo sensible de visualizar las siete generaciones comenzó a desplegarse.

Estamos en el medio del espacio generacional. A nuestra izquierda están nuestros padres, abuelos, y tatarabuelos. Hacia nuestra derecha están nuestros hijos, nuestros nietos, y nuestros tataranietos. Cuando tomamos una acción que cambia nuestra relación con la Creación, vemos hacia la izquierda y nos visualizamos nosotros mismos en el lugar de nuestros tatarabuelos y vemos a través de nuestra derecha y visualizamos a los nietos de nuestros hijos. Es entonces cuando entendemos mejor cómo una acción puede afectar siete generaciones.

Ningún ser humano puede ver siete generaciones delante de ellos mismos. Es simplemente irrealista. Peter explicó que necesitamos ser parte de esta secuencia.

"Nosotros debemos ser una de las generaciones," explicó recogiendo la piedra que había colocado en el lugar del jefe peyote. "Nosotros somos la generación de en medio. Desde ahí nos podemos ver como cualquier otra generación de las otras seis. Es más fácil visualizar a los padres de nuestros abuelos y a los hijos de nuestros nietos que ver siete veces al futuro. ¡Nosotros *somos* la séptima generación!"

Tiró la piedra y se rio, "¿Ves? Ahora ya me hiciste que deshiciera mi altar."

Índice de Ilustraciones

Glosario

Acatl (a-ka-tl): Caña; uno de los veinte días en el Calendario Azteca; también representa los años en los que viene la vibración del Horizonte Oriental.

Atlachinolli (a-tlah-chee-no-lee): Una onda electromagnética que actúa como fuego pero que se mueve como agua y está centrado en la base de la vejiga.

Calli (Ka-lee): Casa; uno de los veinte días en el Calendario Azteca; también representa los años en los cuales la vibración es dirigida hacia el Horizonte Occidental.

Cipactonal (See-pahk-tonahl): Sol de Cocodrilo; la mitad del par de padres de la humanidad, la pareja original.

Coyolzauhqui (Co-yol-shau-key): La Hermana de *Huitzilopochtli;* este nombre honra el tiempo cuando la Luna llena aparece en la tarde del Solsticio de Invierno y describe a la Luna como la guardiana del sonido original de la Creación.

Cuenta (Koo-en-tah): Conteo de una secuencia, orden numérico.

Cuento (Koo-en-toe): Una historia ficticia, usualmente cuento de hadas, leyenda, o mito.

Huitlacoche (Wee-tla-ko-che): el nombre original en Nahuatl es *Cuitlacochi,* estiércol durmiente; es un hongo azul obscuro que crece en el maíz; los *tacos de huitlacoche* son populares en México central.

Huitzilopochtli (Weet-seel-opoch-tlee): El Colibrí Inclinándose Hacia la Izquierda; un nombre dado al Sol durante el Solsticio de Invierno cuando el Sol se inclina más hacia el Horizonte del Sur justo como está el corazón humano inclinado hacia la izquierda.

Ihiyotl (Ee-hee-yotl): Un gas verdoso cargado electromagnéticamente bajo el hígado que activa las pasiones humanas, el deseo sexual, y las emociones extremas como el coraje; una falta de balance en estos impulsos y emociones pueden afectar al hígado y al páncreas.

Itzehecayan (Its-eheca-yan): *Itz* es obsidiana; *eheca* es viento; *yan* es región; región donde el viento corta como cuchillas de obsidiana.

Itztepetl (Its-the-pe-tl): *Itz* se refiere a la obsidiana, un vidrio como mineral usado para hacer cuchillas para cortes delicados; *tepetl* es una montaña; literalmente, "montaña de obsidiana"; montaña con orillas que cortan como cuchillas de obsidiana.

Maiz (mah-eez): El nombre Taino (gente indígena del Caribe) para Maíz; los Españoles llevaron ese nombre a México, donde se le llamaba *teozintli*; después de la conquista, *maíz* se convirtió en el nombre más popular.

Meoctli (Meh-ok-tlee): *Me* es maguey o agave; *octli* es néctar; agave néctar o miel.

Meyahuel (Meh-ya-wel): El Espíritu Guardián de las especies de la planta del Agave, especialmente del maguey; ella representa la energía de la Luna trabajando para sacar el néctar de la Tierra.

Mexikayotl (Me-she-kah-yotl): Una filosofía Mesoamericana que describe cómo toda la vida está conectada por el "Ombligo de la Luna"; la palabra *México* significa "el lugar donde el ombligo de la Luna toca la Tierra".

Micaihuitl (Mee-ka-eel-witl): Día de Muerte; uno de los veinte días en el Calendario Azteca dedicado para honrar la muerte.

Mictlan (Mick-tlhan): Mujer Muerte; representa el aspecto femenino de la muerte.

Mictlantecutil (Mick-tlahn-the-kutlee): El Señor del lugar de los muertos; representa el aspecto masculino de la muerte.

Mikiztli (Mee-kiss-tlee): Muerte; el acto de morir; la jornada de la muerte.

Netzahualcóyotl (Net-sa-wal-ko-yotl): Coyote Hambriento, la regla alrededor 1470 de la ciudad de Texcoco, una ciudad construida también en medio de un lago con el mismo nombre.

Oxomoco (Osho-mo-ko): La otra mitad del par de los padres de la raza humana, la pareja original.

Quetzalcóatl (Ket-sahl-co-ahtl): Serpiente Emplumada; precioso gemelo y Estrella de la Mañana; una deidad que personifica el movimiento curveado, y serpenteado de todas las formas naturales; en humanos, representa un despertar, ilustración; *Quetzalcóatl* es el gemelo de *Tezcatlipoca.*

Tecpatl (tehk-pot-l): Navaja de Obsidiana; uno de los veinte días del Calendario Azteca; también representa los años en los cuales las vibraciones son dirigidas hacia el Horizonte Norte.

Teoxcentli (Te-osen-tlee): Espíritu del Maíz original; cuando solamente era zacate y antes que fuera transformado por un pacto con la Gente de México.

Tepeyolotl (Te-pe-yo-lotl): Corazón de la montaña; un aspecto de *Huitzilopochtli;* representa la fuerza interna que mantiene junta la forma de la Tierra.

Teyolia (Te-yo-li-ah): El Espíritu que reside en el centro del corazón; el electromagnetismo que está concentrado en el pericardio.

Tezcatlipoca (tes-kah-tlee-poca): Espejo Humeante y Estrella de la Tarde; una deidad que personifica lo que esta escondido o invisible en la Naturaleza; en humanos, es nuestro tiempo de soñar y la habilidad de recordar y de introspección; *Tezcatlipoca* es el gemelo de *Quetzalcóatl.*

Tlalcihuatl (tlal-see-watl): Mujer Tierra; un espíritu de la Madre Tierra.

Tlaloc (tlal-ok): Nectar de la Tierra; una deidad representando el intercambio de agua entre la Tierra y el Cielo, lo que conocemos ahora el ciclo del agua; los *Tlalocs* son los hacedores del clima.

Tlaltecutli (tlal-te-koo-tlee): Jefe de la Tierra; el aspecto masculino del espíritu de la Madre Tierra.

Tlazolteotl (tla-sol-te-ot-l): El Espíritu Guardián de las cosas en descomposición con lo que ella fertiliza la Tierra; se dice que ella formo los ríos y lagos con su bastón para que la primera Gente pudiera tener acceso al agua.

Tochtli (toch-tlee): Conejo; uno de los veinte días en el Calendario Azteca; representa los años en los que las vibraciones están dirigidas hacia el Horizonte del Sur.

Toltec (tol-tek): Forma la palabra *Toltecatl,* una flor de *Toltecayotl;* utilizando tu corazón como un instrumento para crear belleza.

Tonalli (to-nahl-lee): Vibración Solar; una esfera electromagnética que aparece en la tapa de la cabeza del niño(a) mientras se encuentra aún en el útero y más tarde desciende dentro del cuerpo; el alma de una persona.

Tonal Machiotl (ton-nal mahch-i-ot-l): Conocimiento Solar; la rueda del Calendario Azteca consistente en 365 dias.

Tonalpohualli (to-nal-po-wal-lee): Cuenta Solar; la rueda del Calendario Azteca consistente en 260 días.

Tonalpohuaki (to-nal-po-wa-key): Titulo dado a una persona quien tiene maestría en el Calendario Azteca y puede crear gráficos adivinatorios para otros.

Yolohuitzcalotl (Yo-lo-witz-kah-lo-tl): Cuervo con un Colibrí por Corazón; el nombre del autor en Náhuatl.

Xochimique (Sho-chee-mee-keh); Muerte Florida; un tiempo dedicado para "florear a los ancestros" cuando los espíritus de la muerte regresan a nutrir a los vivos.

Acerca del Autor

Carlos Aceves, nació en 1954, tiene una Licenciatura de Artes en Periodismo y una Maestría de Educación en Psicología Educacional. Él es un maestro bilingüe en Canutillo, Texas, y coordina el Proyecto *Xinachtli* para el Instituto de Culturas Indígenas. El Proyecto *Xinachtli* utiliza pedagogía Mesoamericana para enseñar a los niños pequeños. Él se ha presentado en conferencias nacionales y varias universidades e instituciones a lo largo del país. El comenzó a aprender la espiritualidad indígena en 1980 de su maestro Jesús Ventura y la maestra Paola Juárez. Más tarde, viajó a México, estudiando con varios maestros de la tradición Náhuatl y Maya. Él ha publicado en periódicos nacionales, capítulos en textos para educación para maestros, y es autor de la novela *Diadema* (Imprenta Floricanto). *Yolohuitzcalotl* es su nombre en Náhuatl, que significa "Cuervo con un Colibrí por Corazón"

Made in the USA
Columbia, SC
04 June 2021